여성과 법

김 영 진 · 著

여성과 법

2019년 8월 25일 초판 1쇄 인쇄
2019년 9월 1일 초판 1쇄 발행

저　　자 | 김영진 著

발 행 처 | 에듀컨텐츠휴피아
발 행 인 | 李 相 烈
등록번호 | 제2017-000042호 (2002년 1월 9일 신고등록)
주　　소 | 서울 광진구 자양로 30길 79
전　　화 | (02) 443-6366
팩　　스 | (02) 443-6376
e-mail　 | iknowledge@naver.com
web　　 | http://cafe.naver.com/eduhuepia
만든사람들 | 기획·김수아 / 책임편집·이진훈 황혜영 이지원 김유빈 길은지
　　　　　 디자인·유충현 / 영업·이순우

I S B N | 978-89-6356-250-6 (93320)
정　　가 | 11,000원

ⓒ 2019, 김영진, 에듀컨텐츠휴피아

이 책은 저작권법에 따라 보호받는 저작물이므로 무단전재와 무단복제를 금지하며, 이 책 내용의 전부 또는 일부를 이용하려면 반드시 저작권자 및 에듀컨텐츠휴피아 출판사의 서면 동의를 받아야 합니다.

[도서검색용 QR코드]

머리말

　대학에서 교양과목으로 '여성과 법' 강의를 하면서 학생들의 필기의 수고를 덜어 주고자 교재를 써야 되겠다는 생각을 한 것은 오래 전이다. 특히 법학을 전공하지 않는 학생들에게 어떻게 하면 쉽게 법, 남녀평등, 인간의 존엄성 등의 문제를 자신의 문제로 생각할 수 있게 할 것인가에 대해 관심이 많았다.

　판례와 외국의 사례를 중심으로 이해하기 쉽게 서술하려고 노력하였다.

　남성 중심의 학문이었던 법학도 사회의 절반인 여성의 입장을 고려할 때 비로소 진실한 인간학으로서의 의미를 가지게 될 것이다. 여성의 지위 향상과 공평하고 다양한 가치관의 공존을 가능하게 하는 사회가 선진사회이다. 이 책이 여성관련 문제와 여성 관련법을 이해하는데 유용한 길잡이 역할을 해 주는 서적이 되었으면 하는 바람이다.

　이 책을 저술할 수 있도록 학문의 길을 열어주신 은사님들, 동료학자들, 후배학자들 그리고 의견을 주신 많은 분들에게 감사의 마음을 전하고 싶다. 여전히 논의 중이어서 미완성적인 부분도 있고 보충해야 할 미진한 부분도 있지만 차사 솜 더 알차게 보완할 것을 약속드리며 독자들의 많은 관심과 지적을 부탁드린다.

　이 책이 출간되기까지 큰 도움을 준 에듀컨텐츠휴피아 출판사의 이상렬 대표를 비롯한 임직원 여러분께 진심으로 감사드린다.

2019년 8월

저자 씀.

목 차

I. 서 ― 3
1. 법여성학의 형성 ■ 3
2. 법여성학의 학문적 위상과 접근방법 ■ 6
3. 법여성학의 기본사상 ■ 8
4. 한국 페미니즘의 흐름 ■ 8

II. 남녀 평등론 ― 11
1. 남녀 평등의 논리 ■ 11
2. 성에 의한 분업과 변천 ■ 14
3. 국제기구의 남녀평등 촉진활동 ■ 15
4. 적극적 평등실현 조치 ■ 18

III. 헌법상 평등권 ― 25
1. 평등권의 내용 ■ 25
2. 주요 판례 ■ 30

IV. 가족생활에서의 여성과 법 ― 33
1. 가족관계의 특징 ■ 33
2. 가족법의 원리 ■ 34
3. 친족법의 내용 ■ 34
4. 약혼 ■ 37
5. 법이 인정하는 혼인 ■ 39
6. 사실혼 ■ 51
7. 친생자 ■ 52
8. 입양제도 ■ 55
9. 친권 ■ 58
10. 후견 ■ 60
11. 부양 ■ 67
12. 가족관계등록제도 ■ 69
13. 상속 ■ 70
14. 유언 ■ 77

V. 형사 관계에서 법과 여성 ___ 85
    1. 서 ■ 85
    2. 여성범죄의 특징 ■ 85
    3. 여성 살해 ■ 86
    4. 형법상 성도덕에 관한 죄 ■ 87
    5. 가정폭력 ■ 104
    6. 성전환자의 문제 ■ 105

VI. 노동 관계에서의 법과 여성 ___ 109
    1. 여성과 가사노동 ■ 109
    2. 근로기준법과 여성노동자의 보호 ■ 110
    3. 고용에 있어서 남녀 평등 ■ 112
    4. 임금에서의 차별금지 ■ 113
    5. 일과 가정의 양립 ■ 114
    6. 직장내 성희롱 ■ 115

VII. 교육에서의 법과 여성 ___ 123
    1. 남녀 공학 ■ 123
    2. 특정 성에 대한 참여 제한 ■ 125
    3. 기타 교육 관련 사례 ■ 126

VIII. 사회보장에서의 법과 여성 ___ 127
    1. 가족 보호를 위한 정책 ■ 127
    2. 한부모 가족 지원 ■ 128
    3. 사회복지 관련 결정 사례 ■ 128

IX. 남녀 평등을 위한 행정정책 ___ 131
    1. 성주류화 정책의 의의와 실시 배경 ■ 131
    2. 입법과 정책의 성별영향분석평가 ■ 132
    3. 성인지 교육 ■ 133

4. 성인지 통계 ■ 133
5. 성인지 예산제도 ■ 134
6. 여성친화도시 조성 ■ 135

X. 남녀평등에 관한 분쟁처리와 권리구제 __ 137

1. 권리구제제도의 의의 ■ 137
2. 자율적 분쟁처리제도 ■ 138
3. 비사법기관의 분쟁처리 ■ 139
4. 사법기관의 분쟁처리 ■ 142
5. 법률상담과 법률구조 ■ 144
6. UN 여성차별철폐위원회의 진정처리와 조사 ■ 146

■ 참고문헌 __ 147

저자소개

저자: 김 영 진

- 서울대학교 법과대학 공법학과 졸업(법학사)
- 미국 죠지워싱턴대학교 법학전문대학원 졸업(법학석사)
- 대전대학교 대학원 졸업(법학박사)
- 제30회 행정고등고시 합격, 미국 뉴욕주 변호사 시험 합격
- 대전광역시청 국제협력과장, 기획관 역임
- 변호사시험, 공인노무사, 행정사, 공인중개사, 공무원시험 출제위원 역임
- 현재 대전대학교 법학과 교수, 국회 사무처 입법자문위원
- 저서: 행정법 사례연구, 법 여성학, 모든 길은 북으로 통한다 외 다수

에듀컨텐츠·휴피아

여성과 법

김 영 진 · 著

에듀컨텐츠·휴피아

I. 서

1. 법여성학의 형성

남녀가 역할을 특화한 것은 분업화를 통한 산업사회의 효율적·능률적 발전과 연관이 있다. 그렇지만 여성의 관점에서 보는 법률학의 재검토가 필요하였다. '여성의 사회 참가 및 남성의 가정 참가'를 촉진하기 위한 법 제도로 개선할 필요가 있었다. 전통법학은 가부장제 아래 남녀의 역할 차이를 당연한 전제 조건으로 삼는다. 이와 달리 법 여성학은 여성의 관점에서 편파성을 발견해 성차별이라고 판정하며 이를 제거하기 위한 방안을 모색하고 있다. 법학의 인간상에 대해 과거 남성 위주 인간상에서 여성을 포용하는 인간상으로 전환할 필요가 있다. 또한 남녀 공용의 이간적인 방법론을 발견하는 것이 중요하다. 민주국가에 있어서는 모든 인간이 평등하게 공존하고 각자 존엄성이 존중되는 이상 사회 건설이 목표이기 때문이다.

"개인적인 것이 정치적인 것이다"라는 이야기가 있다. 그 의미는 크게 보아 세 가지인데 첫째, 지극히 개인적인 선택의 문제로 간주되는 연애, 임신, 육아 등도 사실은 사회구조의 영향을 받는다. 둘째, 일상의 영역에 속한다고 소소하게 취급되는 문제도 사실은 노동운동이나 시민권만큼 중요한 정치적 의제로 다뤄져야 한다. 셋째, 개인의 라이프 스

타일은 단지 취향의 문제가 아니며 '정치적으로 올바른' 선택이 무엇인지를 매순간 고민할 필요가 있다는 뜻이다. 여성해방운동 시기에 등장했던 수많은 의식 고양모임은 남성은 공적 영역, 여성은 사적 영역으로 나누는 이분법이 가부장제가 주입한 허위의식이라고 비판하고 일상의 정치성을 드러내고 개인과 사회를 함께 변화시키는 방안을 탐색했다.

베티 프리단은 '여성의 신비'라는 저서에서 미국 중산층 아내의 공허한 내면을 노정한 바 있다. 고등학교 동창생 200명을 대상으로 한 설문 결과 풍요로운 환경에도 불구하고 공허함을 느끼는 것을 알아냈다. 이러한 공허함을 그녀는 'the problem that has the no name' 즉, 우리말로 번역하면 '이름 붙일 수 없는 병'으로 명명했다. "교외에 사는 부유한 가정주부들은 제각기 이 문제를 가지고 홀로 싸웠다. 침대를 정리하면서, 식료품에서 물건을 사면서, 의자커버를 씌우면서, 아이들과 땅콩버터 샌드위치를 먹으면서, 아이들을 보이스카웃과 걸스카웃으로 태우고 다니면서, 그리고 밤에 남편 곁에 누워 있으면서 이 조용한 질문-이것이 과연 전부일까?-을 자신에게조차 던지기 두려워했다." 프리단은 갈등을 벗어나는 해법으로 바람직한 여성 이미지에 자신을 맞추려 하지 말라고 권유했다. 예컨대 집안일을 완벽하게 하기 보다는 효율적으로 처리하고 남편과도 분담하는 것이 필요하다. 프리단은 결혼과 어머니의 역할이 삶의 중요한 부분이기는 하지만 삶의 전부는 아니라고 주장했는데 경력단절 여성의 뜨거운 호응을 받았다. 프리단의 활동은 중산층 현모양처의 자아 찾기에 머물지 않고 조직으로 확대해서 여성단체 NOW(National Organization of Women)을 결성했다. NOW는 여성의 사회진출을 가로막는 장애를 제거하는데 주력했다.

한편 급진주의 여성해방이론가인 파이어 스톤은 그의 저서 '성의 변증법'에서 사회주의 혁명의 한계를 서술한 바 있다. 그는 '사회주의 혁명은 여성을 위해 충분히 혁명적이지 않다'고 주장하면서 '여성해방의 해법은 여성 자신이 재생산을 통제할 수 있는 권리와 기술을 가짐으로써 생물학적인 숙명에서 벗어나는 것'이라고 서술하였다. 여성이 성 계급이라는 하위 카스트에서 벗어나려고 한다면 복제나 인공수정으로 출산을 대체하여야 한다고 주장했다. 당시로서는 황당한 주장으로 들렸지만 오늘날 의학의 발전으로 그 실현이 가능해졌다. 그렇지만 발달된 생식기술은 여성을 재생산으로부터 해방시키기보다 태아감별이나 무리한 인공배란, 대리모 등으로 오히려 여성의 생명을 위협하는 경우가 있다. 문제는 여전히 과학기술이 아니라 권력관계임을 알 수 있다.

폭력에 반대한다고 하는 것이 여성주의자의 입장인데 포르노그래피에 대해서는 어떤 생각을 갖는 것일까? 포르노그래피의 검열에 관해서는 페미니스트 사이에서도 의견이 나뉘었다. 사상과 언론자유를 중시하는 경우, 포르노그래피 반대도 일종의 표현의 자유에 대한 탄압이자 검열이란 점에서 반대 입장을 취했다. 반면 포르노그래피가 여성에 대한 남성의 폭력을 조장하므로 일정한 규제와 검열이 반드시 필요하다는 입장도 존재했다. 영국에서 1976년에 결성된 강간종식 여성모임(약칭 WAR: women against rape)은 피해자 보호법의 시행을 요구하였는데 이것이 자유와 상충하는 것인가 하는 문제 제기가 있었다.

[로 대 웨이드 판결]
개인의 사생활 보호에 의거, 임신 초기의 낙태는 여성의 결정권한에 속한다는 취지의 미국 연방 대법원 판결로서 낙태를 금한 주법을 무효화시켰고 이후 50개 주가 이 판결을 따랐다.
제인 로(Jane Roe)라고 하는 가명을 사용한 텍사스 거주 독신 여성은 여성운동가의 도움을 받아 낙태를 금지한 텍사스 주 형사법이 개인의 자기결정권을 박탈하므로 위헌이라는 취지의 소송을 제기하였다.
제소 당시에 제인 로는 강간에 의해 임신을 한 상태였고 텍사스 주법은 산모의 목숨이 위험한 상태를 제외하고는 낙태를 금하고 있었다. 미국연방대법원은 7:2로 제인 로의 손을 들어 주어 낙태를 금한 텍사스 주법을 무효화 하였다.

최근에 와서는 여성운동의 주체도 다양해지고 새로운 쟁점들이 등장하였다. 여성들 사이에 다양한 관점의 차이가 노정되었는데, 우리나라에서 최근 벌어진 윤락녀들이 직업으로 인정해 줄 것을 요구하는 시위를 그 예로 들 수 있다. 포스트모던 페미니즘은 1990년대부터 등장하였다. 집단으로서의 여성의 동질성을 부인하고 여성을 피해자로 보거나 해방되어야 할 존재로 보는 것을 거부하며 남성과의 같음에 근거하는 평등보다는 개개인이 자유롭게 살 권리를 확보하는 것, 자기다움의 동등한 가치를 존중받을 권리(동등권)를 주장하였다. 그리고 기존의 여성주의에 대하여 남성과 여성의 대립을 전제로 하고 여성의 피해를 부각하며, 남성을 표준으로 하고 여성을 그에 맞추어 평등을 실현하려고 하고 있다. 기존의 페미니즘에 대해서 여성 내부에 사회·경제적 지위와 경험 및 이해관계가 다른 다양한 계층의 여성들이 존재하며 이들 각각의 상황을 고려한 입법과 사법, 정책이 필요함에도 불구하고 단일한 방안만을 제시한다는 등의 비판을 하였다.

2. 법여성학의 학문적 위상과 접근방법

법은 다양한 가치관과 상반되는 이해관계를 가지는 사회구성원의 관계를 조화롭게 규율하여 사회질서를 유지하고 사회정의를 구현해야 하므로 공정성·객관성·합리성이 요구된다. 이를 위해 민주국가에서는 입법·사법·행정의 시스템을 마련하고 있다. 입법은 법의 제정, 사법은 법의 적용, 행정은 법의 집행을 담당하며 서로 견제와 균형을 통해 주권자인 국민의 권리와 자유를 최대한 보장한다는 것이 민주국가의 기본원리이다. 입법·사법·행정은 국민의 대표자, 인권보장기관, 전문가 등에 의해서 이루어진다. 전통법학은 법을 시대와 이해관계를 초월해 남녀관계를 포함하여 모든 인간관계를 공정하고 객관적·중립적으로 규율하는 장치로 인식한다. 그렇지만 실제에 있어서 불공정하고 주관적이며 비합리적인 경우가 많다. 법과 판례, 정책이 시대와 사람에 의해 이루어지기 때문이다. 입법·사법·행정·법학을 담당하는 사람들은 권한과 전문성을 가지고 법과 판례, 정책에 그들의 가치관과 경험, 입장, 이해관계를 반영함으로써 큰 영향을 미친다. 따라서 어떠한 사람들이 입법·사법·행정을 담당하는가에 따라 법과 판례, 정책은 달라질 수 있다. 그런데 법의 역사가 시작될 때부터 정치와 입법·사법·행정은 주로 남성이 담당하여 왔다. 이에 따라 법은 남성 중심적인 가치관과 경험, 이해관계를 반영하여 형성되고 가부장적 질서를 유지하여 왔다. 법이 여성이 처한 상황을 인권을 침해하는 성차별로 인식하지 못한 것은 입법·사법·행정·법학을 담당하는 사람들이 주로 남성으로서 남녀평등에 대한 인식이 부족하고 여성은 남성에 비해 열등하고 약한 자라고 보는 사회통념이 널리 형성되었기 때문이다. 법의 여성차별에 대한 태도에 여성이 집단적으로 불만을 표출한 것은 근대법이 모든 사람의 인권을 보장하기 보다는 남성의 인권을 보장한다는 체험 때문이었다. 프랑스 시민혁명 성공 후 선포된「인간과 시민의 권리선언」은 모든 인간의 자유와 권리에 있어서 평등하고 기본적 권리로서 투표권, 재산권 등 인권을 가진다는 것을 천명했지만 그러한 인권은 남성에게만 부여되었다. 올랭프 드 구즈라는 여성 정치인이 여성의 항의를 집약해 1791년「여성시민의 인권선언」을 발표했다. 여성도 인간이므로 남성과 동등하게 인권을 가진다는 내용이었다. 그녀는 정치적 반대파에 의해 처형당했다. 1793년에는「가정복귀령」이 공포되어 질서가 회복될 때까지 모든 여성은 각자의 가정으로 돌아가야 하고 5명 이상의 여성이 거리에서 같이 모여 있는 것이 발견되면 무력으로 해산하고 명령에 따르지 않는 자를 체포할 수 있도록 했다. 이후 여성이 주축이 되어 법의 개혁과 여성의 인권보장을 위한 운동이 전개되었다. 사실 여성 참정권이 실현된 것은 그리 오래 되지 않았다. 1893년 뉴질랜드를 시작으로 하여 영국은 1918년, 미국은 1920년, 프랑스는 1946년, 우리나라는 헌법이 제정된 1948년에 와서 여성에게 투표권이 주어졌다.

　법여성학은 여성 해방이론을 법 분야에서 연구하고 실천하는 것이 필요해서 발달한 법학의 한 분야이다. 법여성학은 법학 중 여성 억압과 관련되는 부분을 주로 연구 대상으로 하고 있다. 여성 억압의 현상, 원인 규명을 위해 사회 과학 방법론을 사용한다. 여성에 대한 정치·사회적 차별 구조의 폭로와 더불어 경험적 분석을 기초로 하여 법에 접근하고 남녀가 평등한 사회 건설을 위해 법률을 매개수단으로 사용하는 것이 보통이다.

3. 법여성학의 기본사상

　최근 들어 공적 영역과 사적 영역의 구분이 완화되는 경향이 있다. 남녀의 성 관계는 사적인 일로 범죄 냄새가 나지 않는 한 되도록 간섭하지 말아야 한다는 입장이 결국 여성 억압을 조장했다는 반성도 등장했다. 합리적 인간을 상정하는 근대법적 인간상이 근대 법학에 많은 기여를 한 것이 사실이지만 이의 수정 필요성도 등장하였다. 근대법은 중산층 이상 남성을 기초로 하고 있지만 여성의 권익 옹호를 위해서는 이러한 자유주의 법 이론에 저항하는 것이 필요했다. 남성과 동일한 규칙을 적용해 여성이 입는 불이익을 외면했던 것에 대한 반성과 함께 사람들 욕망의 일부분은 문화가 부추긴 욕망일 뿐이라는 설명이 확산되었다. 즉 폭행당하는 억압적 부부관계를 지속하는 것은 강제적 선택일 뿐이라는 입장이 대두되었던 것이다.

　'성 중립적 평등주의에서 성 차이를 반영한 평등주의로' 라는 이야기가 있다. 이는 남녀간 차이를 고려한 평등을 모색하는 일, 즉 실질적인 평등을 위한 제도가 중요하게 되었다는 것을 단적으로 표현한 것이다. 사회적·신체적 조건이나 계산 없이 모든 일을 일률적으로 분담하자는 주장은 여성에게 돈벌이와 가사의 이중부담을 강요해 여성을 더 어려운 지경에 빠트릴 수도 있기 때문이다.

4. 한국 페미니즘의 흐름

　여성문제는 다른 사회문제와 마찬가지로 사회구조나 문화환경, 역사적 배경과 밀접하게 연결되어 있다. 여성문제는 그 시대 여성이 당면하고 있는 억압과 차별의 문제이기도 하지만 그 시대사회상이자 부산물인 것이다. 한국의 페미니즘도 시대에 따라 다르게 부상하였다. 간략하게 그 흐름을 살펴보고자 한다.

1) 정부수립 후부터 1970년대까지의 여성운동

대한민국 정부수립 당시 여성의 삶은 억압상태와 자본주의에 의한 착취로 집약된다. 대부분의 여성이 가부장제 속에서 극심한 노동에 시달렸으며 매매혼, 조혼, 축첩제의 폐단을 그대로 감수할 수밖에 없었다. 1952년 여성문제연구원이 발족되었고 1950년대 후반기에는 '가정법률상담소'와 'YWCA' 등에서 여성의 법적 지위 문제와 노동문제에 대한 해결책을 모색하고자 하는 운동이 나타났다. 1970년대에 들어서면서 대학교육을 받은 중산층 젊은 여성들은 권리신장에만 중점을 두는 기존 여성단체의 활동을 비판하며 다른 길을 모색하였다. 가족법 개정, 대학의 교과과정 내 여성학 교육 개설 등을 주장했으며 기생관광과 성매매 문제를 사회문제로 여론화하였다.

2) 1980년대 이후 여성운동의 발전

이 시기 여성운동은 광범위한 대중여성이 주체가 되어 각 계층별로 다양하게 전개되었다. 각 부문별로 광범위한 여성문제들을 포함하는 대중운동으로 기틀을 다졌다. 특히 1984년 여성학회 창립은 1990년대 이후 대학에서 여성학의 성장에 밑거름이 되었다. 페미니즘이 활성화되면서 새로운 문화의 형태로 등장하고 있는데 월경축제, 안티미스코리아 대회 등을 통해 가부장제를 비판하고 여성의 몸에 대한 새로운 해석과 접근을 주도하고 있다.

Ⅱ. 남녀 평등론

1. 남녀 평등의 논리

1) 평등에 대한 두 가지 시각

그리스의 철학자 아리스토텔레스는 평등을 기계적 평등과 배분적 평등으로 나누어 설명하였다. 기계적(절대적) 평등은 능력, 의욕에 차이가 있어도 법률상 취급에 있어서 사람으로서 기계적으로 평등해야 한다는 것이다. 이와 달리 배분적(상대적) 평등은 '같은 자는 같게, 다른 자는 다르게' 취급하라는 것으로서 다른 자의 취급은 그 근거가 합리적이어야 한다. 평등원칙의 절대적 보호는 불가능하기 때문에 상대적 평등설이 타당하다. 상대적 평등설이 판례와 통설의 입장이다. 다만 상대적 평등을 따르는 경우에도 평등의 기준을 어디서 찾아야 할 것인가가 문제이다.

헌법재판소는 1999년 12월 '군필자 가산점제도'를 헌법에 위반되므로 무효라고 결정하였다. 군대를 마친 공직 후보자에 대해 공무원 시험에 있어서 가산점을 부여하는 것이 여성과 장애인을 불합리하게 차별함으로써 평등 원칙에 위반되는 것으로 보았다. 제대군인에 대하여 사회 정책적 지원을 강구할 필요가 있다고 하더라도 다른 집단에게 보장되어야 할 균등한 기회 자체를 박탈해서는 아니 되는데 가산점제도가 공직수행과는 아무런 합리적 관련성을 인정할 수 없는 성별 등을 기준으로 하여 여성과 장애인 등의 사회진출 기회를 박탈하는 것이므로 정책수단으로서의 적합성과 합리성을 상실한 것이다. 가산점제도로 인해 침해되는 것은 헌법이 강도 높게 보호하고자 하는 고용상의 남녀평등, 장애인에 대한 차별금지라는 헌법적 가치이다. 그러므로 법익의 일반적, 추상적 비교의 차원에서 보거나 차별취급 및 이로 인한 부작용의 결과가 심각한 점을 보거나 법익균형성을 완전히 상실한 제도라고 보아 위헌결정을 하였다(헌재 1999.12.23. 98헌마363).

2) 평등심사기준

평등원칙은 모든 국가권력을 구속하는 원칙이지만 입법자의 평등에 대한 판단을 헌법재판소가 심판하는 경우 그 심사기준과 한계가 문제된다. 평등에 있어서는 둘 이상의 대상을 전제하므로 우선 비교의 관점에 따라 비교대상을 정하고 나서 본질적으로 동일한 것을 다르게 취급하고 있는지 여부를 정한 다음 그 차별이 헌법상 정당한지의 여부를 결정하게 된다. 독일의 학설과 판례는 일반적 평등원칙을 '자의금지 원칙'을 통해 설명하고자 하였다. '자의'란 입법자에 의해 의도적으로 불합리하게 행해진 차별이라는 의미의 주관적 자의가 아니라 차별을 통하여 규율하려는 사실상황과의 관계에 있어서 차별이 명백한 불합리한 객관적인 자의를 말한다. 그러나 자의금지원칙에 따른 평등 심사를 통해서는 실효성 있는 입법자의 구속이 이루어질 수 없다고 보아 그 후에는 좀 더 구체적으로 법률이 의도하는 차별이 인적 차별인가 아니면 사항적 차별인가로 구분해, 인적 차별의 경우 보다 엄격한 차별과 차별목적간의 상호관계를 비례원칙을 기준으로 하는 비례성 심사기준을 적용하고 그 밖의 사항적 차별의 경우에는 여전히 자의금지의 원칙을 적용하여 구별하고 있다.

미국 연방대법원은 평등원칙을 비합리적이고 차별금지의 원칙으로 이해하여 차별 목적이 정당한 경우 그 목적 달성을 위한 수단으로서의 차별이 합리성이 있는지를 심사하는 기준으로 차별영역에 따라 3가지

기준을 적용해 왔다. 첫째, 합리성 심사기준은 차별이 합리적 이유에서 정당화될 수 있는가라는 단순한 합리성을 심사하는 것으로 주로 경제, 사회영역의 입법에 적용되는 기준이다. 둘째, 중간심사기준으로 차별입법이 중요한 입법목적과 그 차별이 목적과 수단 사이에 실질적 관련성이 있을 것을 요하는 것이다. 성별이나 적서차별 등은 거의 의심스러운 차별로서 엄격 심사보다 완화된 중간심사기준을 적용하였다. 셋째, 엄격심사기준은 차별이 긴급한 정부의 목적을 추진하는데 필요한 경우에 한하여 허용된다는 것으로서 인종이나 국적에 편견을 가지고 소수에 대해 불이익을 주는 '의심스러운' 차별의 경우에 적용하였다. 이외에도 종교·언론·출판·집회·청원의 자유와 선거권·피선거권·주간 이동권·재판청구권 등 국민의 기본적 권리의 차별에도 엄격한 심사를 적용하였다.

우리 헌법재판소는 그 동안 평등심사기준으로 자의성 심사기준과 비례성 심사를 기준으로 적용해 왔다. 최근에 와서는 심사기준을 좀 더 세분화하고 있다. 자의성 심사는 권력분립 원리 아래서 헌법재판의 심사기준이 되는 통제규범으로서의 평등원칙은 단지 자의적인 입법의 금지 기준만을 의미하게 되므로 헌법재판소는 입법자의 결정에서 차별을 정당화할 수 있는 합리적 이유를 찾아볼 수 없는 경우에만 평등 원칙의 위반을 선언할 수 있다는 것을 근거로 하고 있다. 이 심사는 어떠한 입법 수단이 가장 합리적이고 타당한 수단인지 판단하지 않고 단지 입법자의 정치적 형성이 헌법적 한계 내에서 머물고 있는가 하는 것에 국한하게 된다.

평등에 관한 비례성 심사는 헌법 제37조 제2항의 규정에 따라 이러한 기본권에 대한 제한이나 처벌적인 대우를 하고자 하는 때에는 첫째, 제한 또는 차별의 목적이 국가안전보장·질서유지 또는 공공복리를 위하여 필요하고 정당한 것이어야 하고, 둘째, 그 수단·방법이 목적의 실현을 위하여 실질적인 관계에 있어야 할 뿐만 아니라 그 정도 또한 적정한 것이어야 한다(헌재 1989.5.24. 89헌가37).

3) 남녀 성차와 법률

남녀 사이에는 생물학적 성차가 존재한다. 여성에 대한 출산 보호제도가 근로 현장에서 확립되지 않으면 여성은 남성과 평등하게 행동할 수 없다. 또한 전형화된 성에 의한 특성에 기인해 남녀를 달리 취급하는 것이 개인에게는 자유의 중대한 제한이 될 수 있다. 전형화된 성에 의한 특성은 평균상에 불과하다. 적극적인 성격도 자라온 생활환경·교육 등과 밀접한 관련이 있다. 1980년대 초반까지만 하더라도 결혼하면 퇴직할 것을 조건으로 채용하는 '결혼 퇴직제'가 있었는데 이것은 남녀차별로서 평등원칙에 위배된다. 성에 의한 분업을 이유로 달리 취급하는 것은 불합리하다.

2. 성에 의한 분업과 변천

산업혁명 이전 농경사회에 있어서는 가정이 완결된 경제단위이며 남·여 공동의 장소였다. 산업혁명의 결과 생산 장소가 공장으로 이전됨으로써 가부장적 지위가 쇠퇴하게 되고 여성들이 생산에 종사하는 것이 용이해 졌다. 부(夫)는 처자를 돌보고, 처는 가사와 자녀양육을 담당하는 성에 의한 분업은 산업혁명기에 확립되었는데 이 시대는 성 분업을 전제로 한 여성해방론이 주류를 이루었다. 그렇지만 현재는 성 분업의 변혁을 지향하고 있다. 여성의 생활주기가 변화하고, 의학의 발달로 피임이 가능해 졌으며 가사·육아의 상품화가 그 특징이다. 남녀가 그의 개성과 희망에 따라 자유로운 선택을 가능하게 되었다. 지금까지는 생물학적 성차를 넘어 사회·문화적 성차로 확대해 안이하게 남녀를 다르게 취급하는 근거로 삼아왔다. 그러나 이러한 차별은 여성운동의 결과 거센 도전을 받게 되었다.

3. 국제기구의 남녀평등 촉진활동

국제연합은 제2차 세계대전 직후 세계평화와 인권보장 도모를 위해 1945년 10월 설립되었다. 설립 당시부터 세계 인구의 절반인 여성들이 오랫동안 성차별을 받아 온 사실을 중시하고 남녀평등의 실현을 위해 다양한 방법을 강구하며 적극적으로 활동해 왔다.

1) 국제연합의 여성문제 담당 특별기구 설치

국제연합은 창설 이래 여성문제의 특수성과 전문성을 감안하여 1946년 6월 UN 여성지위위원회를 설치하였다. 이 위원회는 남녀평등 실현을 위한 활동을 기획·총괄하고 여성 지위 향상에 관련된 사항을 이사회에 보고하며 필요사항을 권고하는 역할을 담당한다.

국제연합은 1979년 「여성차별철폐협약」에 따라 여성차별철폐위원회를 설치하고 각 국이 제출한 협약 이행보고서를 심의하고 시정권고를 하고 있다. 국제연합은 2010년 7월 UN WOMEN(남녀평등과 여성의 힘 증진을 위한 지원 기구, United Nations Entity for Gender Equality and the Empowerment of Women)을 출범시켰다. UN Women은 남녀평등 관련 활동을 하던 국제연합 4개 기구를 통합한 것으로 국제연합 여성지위위원회와 협력하여 남녀평등에 관한 국제적 기준과 규범의 초안을 만드는 활동을 하고 회원국이 남녀평등에 관한 국제규범을 실천할 수 있도록 기술적·재정적으로 지원한다.

2) 세계여성회의 개최

국제연합은 남녀평등에 관한 세계적 관심을 모으고 남녀평등의 실현을 촉진하기 위해 1975년을 '세계여성의 해'로 정하고 '세계여성의 날'을 공식적으로 지정했다. 1975년 멕시코에서 제1차 세계여성회의를 개최하고 세계여성행동강령을 채택하여 남녀평등의 기본방향과 실현전략을 정하였다. 그 후 국제연합은 1976년부터 1985년까지를 '국제연합 여성발전 10년', 1986년부터 2000년까지를 '제2차 국제연합 여성발전 10

년'으로 설정하였다. 1980년에 제2차(덴마크), 1985년에 제3차(나이로비), 1995년에 4차(베이징) 세계여성회의를 개최하였다. 이 회의들은 평등·발전·평화의 구현을 공통목표로 세우고 남녀평등을 더욱 구체적이고 효과적으로 실현하기 위한 전략을 세우는 행동강령을 채택하여 각 국가에게 이행을 촉구하고 있다.

3) 남녀평등을 위한 국제인권문서

① 여성차별철폐협약

1979년 12월 18일 국제연합이 채택한 「여성에 대한 모든 형태의 차별을 철폐하는 협약」은 지금까지 국제연합이 채택한 남녀평등에 대한 다양한 문서들을 보다 발전시켜 남녀평등에 관한 기본원리와 국가가 이행하여야 할 여성차별철폐조치를 제시하고 가입국에게 협약의 이행을 보고할 것을 요구한다. 이 협약은 구체적이며 다양한 영역과 부문을 포괄하고 있어 여성의 권리장전이라고 불린다. 현재 이 협약에는 180여 개국이 가입하고 있다. 협약은 「국가의 완전한 발전, 세계의 복지 및 평화의 대의는 모든 분야에서 남자와 여자가 동등한 조건에서 최대한으로 참여하는 것을 필요로 하고 있다」(전문)고 했다. 협약은 출산이 여성만이 할 수 있는 역할이라고 하고 그것이 '차별의 근거'가 되지는 않는다고 한다. 또한 자녀의 양육은 "남녀 사이 및 사회전체의 책임의 분담이 필요하다"고 한다. 협약이 남녀평등을 달성하기 위해 제시하는 방법은 첫째, 성에 의한 분업을 변혁하는 것, 둘째, 남녀평등권을 현실화하기 위하여 평등권을 사회권으로 보장하고 국가가 적극적으로 조치하는 것이다.

② 여성폭력철폐선언

1993년 12월 12일 국제연합이 총회에서 만장일치로 채택한 「여성에 대한 폭력철폐선언」은 성희롱·성폭력·가정폭력·강제적 성매매 등과 같은 여성에 대한 폭력이 남녀 간의 불평등한 힘의 관계를 단적으로 나타내고, 여성의 종속적 지위를 고착시키며, 여성의 인권과 기본적 자유를 침해하는 것이고, 「여성차별철폐협약」에서 말하는 여성차별임을 명확히 선언하였다. 또한 이 선언은 국가가 폭력을 당한 여성의 권리침해를 조사하고, 공정하고 효과적인 구제를 도모하며, 가해자를 처벌하기 위한 다양한 법제도를 발전시키도록 명시하였다. 또한 여성폭력의 방지를 위해 조사·처벌하고 법을 집행할 책임 있는 공직자가 여성의 입장을 이해하기 위한 훈련을 받도록 조치해야 한다고 했다.

③ 제4차 세계여성회의(베이징행동강령)

제4차 세계여성회의는 국제연합이 창립 50주년을 맞아 남녀평등과 여성발전을 위한 종합적인 전략을 강구하기 위해 개최되었고 「베이징행동강령」을 채택하였다. 이 강령은 여성의 권리가 곧 인권이라는 것을 선언하고 여성의 발전과 남녀평등은 여성만의 문제가 아니라 인권이며, 사회정의를 위한 조건이고 평등·발전·평화를 위해 필요한 기본적인 선행조건임을 명시하였다. 강령은 12개 중점분야를 설정하고 각각의 전략목표를 설정하였다. 12개 중점분야에서 공통적으로 강조된 것은 정책 및 의사결정에의 여성참여와 성인지적 관점의 반영이다. 그 후 5년이 된 2000년 6월 국제연합은 '21세기 평등·발전·평화'를 주제로 국제연합 여성특별총회를 개최하였다. 이 회의에서는 「베이징행동강령」의 성과를 평가하고 새롭게 대두된 도전적 요소를 고려하여 향후 21세기 남녀평등과 여성발전을 위해 보다 구체화된 목표와 전략을 마련하는데 있었다. 이 총회에서는 각국의 논의를 거쳐 「베이징선언과 행동강령 이행을 위한 추가행동 및 조치」라는 139개항의 결과문서가 채택되었다. 2005년 국제연합은 「베이징행동강령」 이행 10년을 점검하는 여성특별총회를 개최하였고 매년 UN 여성지위위원회를 개최하여 각국의 강령 이행상황의 점검과 남녀평등실현을 위한 대안적 결의를 채택하고 있다.

4. 적극적 평등실현 조치(Affirmative Action)

1) 개념

적극적 평등실현 조치는 구조적 차별을 인식하여 과거 차별을 보상하고 실질적 평등을 보장하기 위해 차별의 기초가 된 인종·성별 등을 고려하여 그들을 우선적으로 처우하려는 이론으로서 1965년 미국에서 존슨 대통령의 행정명령 제11246호로 처음 시행되었다. 존슨대통령은 행정명령에서 "연방정부와 조달계약을 체결하는 자는 인종, 피부색, 종교, 출신국가에 관계없이 구직자가 고용되고 근로자가 대우받는 것을 보장하기 위하여 적극적 평등실현조치(Affirmative Action)를 강구하라"고 명하였다. 이 조치는 민권법, 공공사업법, 장애인재활법, 투표권법, 공정주거법 등의 제정과 개정을 통하여 고용, 대학입학, 사업, 주거통합, 투표권 보장 등 각 분야에서 실시되었다. 이러한 우선적 처우는 그러한 대우를 받는 흑인 또는 여성과 경쟁적 관계에 있는 백인 또는 남성을 차별하게 되므로 역차별의 문제가 되어 이러한 차별이 헌법에 위반되지 아니하는가 하는 논쟁을 유발하였다.

할당제는 피해자 집단의 구성원이라는 사실에 기초를 두고 기회나 이익을 일정한 비율로 분배하는 기준을 뜻하는 점에서 적극적 평등실현조치와는 차이가 있다. 적극적 실현조치는 개인주의적 원리에 바탕을 두고 있고 사회적 유동성에 대한 신념을 강화하였다. 과거 광범위하게 차별받은 소수 집단 사람에게 특별한 효력과 배려가 필요하다는 입장에서 출발하였는데 기회균등의 전통 개념을 보완하는 것으로서 긴급적·잠정적 성격의 구제책이라고 할 수 있다.

2) 미국의 주요 판례

① 베키 사건

베키는 미국 캘리포니아대학교 데이비스 의과 대학에 지원한 수험생으로서 입시에 낙방하자 대학을 상대로 소송을 제기하였다. 대학이 적극적 평등실현조치로 입학사정을 함으로써 자신보다 성적이 낮은 흑인 지원자는 합격하고 성적이 높은 자신은 불합격하였는데 이는 헌법상 보장되는 평등원칙을 위반했다는 취지이다. 이에 대해 미국 연방대법원에서 파월 대법관 등은 대학 입학절차에서 인종을 고려할 수 있다고 판시함으로써 적극적 실현조치를 판결로써 인정하였다. 판결문에서 인종을 고려할 수는 있지만 16명이란 고정적인 할당제는 곤란하다고 하였다. 학생이 체험하는 교육의 질은 학생들 간 배경·사고방식의 차이로 달라지는 것이 사실이다. 이러한 점을 감안한 판결이라고 하겠다.

② 웨버 사건

웨버 사건은 1979년 카이져 알루미늄화학회사와 전미철강노동자 연맹간 협약이 평등원칙에 위반되는가 하는 것이 문제된 사건이다. 미국 연방대법원은 숙련공의 인종 구성간 현저한 불균형 시정 조치는 헌법에 위반되지 않는다고 판결하였다. 백인 근로자의 이익을 불필요하게 침해하지 않으면서 인종 배제된 직군에서 흑인에게 고용기회를 부여하는 것은 민권법의 이념을 반영한 것으로서 평등원칙에 위배되지 않는다고 보았다.

③ 셰릴 홉우드 사건

홉우드는 지방 전문대학을 졸업한 후 세크라멘토에 소재한 캘리포니아 주립대학교의 학부를 졸업하였다. 졸업 당시 3.8의 우수한 학점으로 텍사스 주립대학교 법학전문대학원에 지원했다. 그러나 인구의 40%가 아프리카, 멕시코계인 다양한 학생층의 인종과 민족성을 고려한 입학정책으로 인해 불합격하자 헌법소송을 제기하였다. 미국 연방대법원에서는 적극적 평등실현조치의 입장에서 텍사스 주립대학교의 손을 들어주었다.

적극적 평등실현조치를 옹호하는 논리로서는 첫째, 시정 논거를 들 수 있다. 교육 여건의 격차를 감안해야 한다는 것으로서 소수 인종 학교는 예산이 열악하고 설비가 낙후되어 있으므로 고등학교 성적이 학생들의 진정한 잠재력을 보여주지 못한다는 것이다. 능력이라는 측면으로 장래성 있는 학생을 선발하는 것은 당연하지만 성적뿐만 아니라 이면에 깔린 불리한 교육 여건도 고려해야 한다는 것이다. 둘째, 보상논거는 적극적 평등실현조치가 과거 피해에 대한 일종의 보상으로서 필요하다는 논리이다. 셋째, 다양성 논거는 교육의 목적이 학생을 가르치는 것으로서 인종이 다르면 배경도 다르므로 다른 방식으로 교육에 기여한다는 점을 들고 있다. 대학의 사회적 목적과 사명에 호소한다. 사람을 악의적으로 판단하거나 가치를 평가 절하하지 않고 어떤 기관의 정책이 사회적 목적 달성을 위해 인간을 귀중한 존재로 이용하는 것이라면 적극적 평등실현조치가 가능하다는 것이다. 적극적 평등실현조치에 대한 반대 논리로서는 첫째, 백인으로 태어난 것은 자신이 통제할 수 있는 문제가 아니라고 주장한다. 둘째, 과거는 과거일 뿐인데 조상의 잘못이 현재 대학입시에 영향을 주는 것은 잘못이라는 논리이다. 불평등의 시정은 저소득층 자녀들을 위한 지원 프로그램이나 재정지원을 확대함으로써 해결할 수 있는 문제라고 본다. 1930년 미국 하버드대학교에서는 유대인 할당제를 실시한 바가 있는데 이는 대통령, 상원의원 중 유대인이 극소수인 것을 감안해 입학생 중 유대인의 비율을 일정 비율 이하로 묶어 두는 정책을 말한다.

> **마틴 루터 킹 목사**
> 미국의 흑인 민권운동가로서 1955년 로자 파크스라는 흑인 여성의 흑인 전용칸 승차 거부를 계기로 촉발된 몽고메리 버스 보이콧을 주도하였고 1964년 노벨 평화상을 수상하였다. "피부색이 아니라 자신의 인격, 개성, 장점, 업적으로 사람을 판단하라"라는 연설이 유명하다.

3) 우리나라의 적극적 평등 실현조치

① 정치·행정 분야

우리나라는 여성공천할당제를 두고 있는데 이는 적극적 평등실현조치의 일환이다. 이 제도는 국회의원 선거 및 지방의회 선거에서 정당이 후보를 공천할 때 일정비율을 여성에게 할당함으로써 여성의 정치 참여기회를 실질적으로 확대하기 위한 제도이다. 1994년 8월 여성 국회의원들과 법과 정치에 관한 여성전문가들이 조직적이고 적극적으로 추진함으로써 2000년 2월 법제화되었다. 이 제도가 도입될 당시 평등권 침해라는 위헌 시비가 있었지만 국회의원 중 여성 비율이 역대 평균 2.1%에 불과하고 지방의회 의원 중 여성의 비율이 약 1.5%에 미치지 못하는 현실을 타개하기 위해서 획기적인 개선방안이 필요하다는 주장이 국민과 진보적 성향의 남성정치가들의 공감을 얻었다. 정당의 여성공천할당제는 2000년 4월의 비례대표제 국회의원 선거에서 「정당법」을 근거로 처음 적용되었고 2005년 8월 4일부터 「공직선거법」에 근거를 두고 있다. 「공직선거법」 제47조에서는 정당이 국회의원·지방의회의원 비례대표의 50% 이상을 여성으로 공천하되, 후보자명부 순위의 매 홀수에 여성을 올리도록 했다. 또한 국회의원·지방의회의원 지역구 공천은 각각 총 전국지역구 수의 30% 이상을 여성으로 권장하였다. 한편 2010년부터는 정당이 지방의회의원 지역구 공천에서 군 지역을 제외한 지역구마다 1명 이상의 여성을 공천해야 한다고 규정하고 있다. 여성공천할당제 외에도 여성의 정치참여를 지원하기 위해 정당이 받는 국고보조금 중 10% 이상을 여성의 정치발전을 위해 사용하도록 하는 법규도 시행되고 있다.

공무원의 양성평등채용목표제도 실시하고 있다. 당초에는 여성의 사회·공직 진출을 확대하기 위해 공무원 임용 시 여성을 일정 비율 이상 채용하도록 하는 여성할당제로 시작되었지만 2003년 '양성평등채용목표제'로 전환되었다. 기존의 남성 중심의 사회구조와 정치구조에서 여성의 사회 진출이 어려운 것에 대한 교정 장치로써 북유럽을 비롯한 많은 나라에서 그 필요성에 따라 제한석으로 여성할당제를 실시하고 있다. 우리나라에서는 1995년 제정된 여성발전기본법 제6조에 의거, 여성참여가 현저히 부진했던 공직 분야의 여성 진출을 촉진하기 위해 1996년 여성공무원 채용목표제(여성채용목표제)를 도입하였다. 이에 따라 1996년 5급 여성공무원 채용목표 10%에서 시작하여 비율을 점차 확대했으며, 2002년에는 5급 공무원 20%, 6·7급 25%, 8·9급 30%로 목표율이 정해졌다.

여성공무원의 채용목표제가 적용되는 대상시험은 행정·외무·기술·지방고등고시, 7·9급 공개경쟁채용시험 등 선발예정인원이 10명 이상인 모집단위이다. 실시 방법은 필기시험 여성 합격자가 채용목표비율 이하인 경우 성적순에 의해 목표 미달 인원만큼 정원 외로 추가 합격시키는 것이다. 그러나 지난 2000년 공무원 시험에서 남성의 군가산점이 폐지되자 이후 9급 교육행정직과 일반행정직 등 일부 모집단위에서 여성합격률이 70%가 넘는 등 남성들이 역차별을 받고 있다는 지적에 따라, 여성채용목표제가 '양성평등채용목표제'로 전환되었다. 2009년 2월 6일 개정된 「공무원임용시험령」제20조는 "①시험실시기관의 장은 여성과 남성의 평등과 공무원 임용기회를 확대하기 위하여 필요하다고 인정하는 경우에는 제23조, 제25조, 제30조 및 제40조에도 불구하고 한시적으로 여성 또는 남성이 시험실시단계별로 선발예정인원의 일정비율 이상이 될 수 있도록 선발예정인원을 초과하여 여성 또는 남성을 합격시킬 수 있다."라고 규정하고 있다.

또한 정부위원회에 여성위원참여목표제를 두고 있다. 정부위원회에 남성과 여성이 균형 있게 참여하는 것은 정책의사결정과정의 민주성과 공정성·공평성, 신뢰감, 협력기반을 높이고 남성과 여성의 다양한 입장과 의견을 정책에 반영함으로써 남녀평등실현을 촉진하며 참여민주주의를 실현하기 위해 필요한 제도이다. 정부위원회의 여성참여확대정책을 1997년부터 시행하고 있으며 현재 여성가족부는 여성참여율을 40% 이상으로 계획하고 있다.

② 고용·경제 분야

우리나라의 적극적 평등 실현조치로서는 2006년 3월 개정된 「남녀고용평등 및 일·가정 양립지원에 관한 법률」을 들 수 있다. 동법 제2조 제3호는 현존하는 남녀간 고용차별을 해소하거나 고용평등을 촉진하기 위해 잠정적으로 특정 성을 우대하는 조치가 가능하도록 하였다. 이 조치는 2006년 3월부터 시행되고 있다. 현재 이 법은 정부투자기관, 정부산하기관, 상시 500명이상 근로자를 고용하는 사업 중 직종별 여성근로자의 비율이 산업별·규모별로 고용노동부령이 정하는 고용기준에 미달하는 사업주에게 직종별·직급별 남녀근로자 현황 및 차별적 고용관행 및 제도개선을 위한 적극적 고용개선조치의 시행계획과 그 이행실적을 고용노동부장관에게 제출하도록 요구하고 있다. 고용노동부장관은 이에 따라 제출된 시행계획을 심사하고 그 내용이 명확하지 아니하거나 차별적 고용관행을 개선하려는 노력이 부족하여 시행계획으로서 적절하지 아니하다고 인정되면 해당 사업주에게 시행계획의 보완을 요구할 수 있다. 또한 고용노동부장관은 제출된 이행실적을 평가하고 평가결과 이행실적이 우수한 기업에게 표창 또는 행정적·재정적 지원을 할 수 있고 평가결과 이행실적이 부진한 사업주에게 시행계획의 이행을 촉구할 수 있다. 또한 「장애인 고용촉진 등에 관한 법률」에 의하면 일정 비율 이상의 장애인 고용을 의무화하고 있다. 「국가유공자 예우 등에 관한 법률」에 의한 국가 유공자의 고용 우선권과 채용 시험에서의 가산점 부여 등이 적극적 평등실현조치의 사례가 된다.

③ 교육 분야

대학 입학시험에서 남녀별 정원 할당, 국공립대학의 양성평등임용조치계획 등이 교육 분야에서의 적극적 실현조치의 사례가 될 것이다. 「교육공무원법」은 2003년 '양성평등임용을 위한 임용계획의 수립 등'이라는 조항(제11조의4)을 신설하였다. 이 조항은 대학교수의 심한 남성 편중의 현실을 개선하고 여성의 교수 임용기회를 확대하기 위해 마련되었으며 이에 따라 국공립대학교에 여교수 임용목표제가 실시되었다. 국가 및 지방자치단체는 대학의 교원임용에 있어서 양성평등을 제고하기 위하여 필요한 정책을 수립·시행하여야 한다(제1항). 대학의 장은 대학의 교원을 임용함에 있어서 특정 성별에 편중되지 아니하도록 3년마다 계열별 임용목표비율을 명시한 임용계획 등 적극적 조치의 시행을 위하여 필요한 계획을 수립하여야 한다. 이 경우 당해 추진실적을 매년 교육부장관에게 제출하여야 한다(제2항) 국가 및 지방자치단체는 양성평등임용계획 및 그 추진실적을 평가하여 행정적·재정적 지원을 할 수 있다(제3항).

Ⅲ. 헌법상 평등권

1. 평등권의 내용

헌법 제11조 제1항은 "모든 국민은 법 앞에 평등하다. 누구든지 성별·종교 또는 사회적 신분에 의하여 정치적·경제적·사회적·문화적 생활의 모든 영역에 있어서 차별을 받지 아니한다."라고 하여 평등원칙과 차별금지를 규정하고 있다. 평등원칙에서 성별, 종교, 사회적 신분은 예시에 불과하고 학력, 정치관, 건강, 연령에 따른 차별도 금지된다.

1) 성별

구 형법 제297조는 강간죄의 처벌 대상으로 남성만을 규정하였다. 1967년 대법원 판결은 이 조항이 남녀간의 사실적 차이, 공공복리 등 합리적 이유를 근거로 부녀의 보호를 목적으로 한다고 보아 평등원칙에 위반되지 않는다고 하였다. 우리나라의 구 형법에서는 남성은 강간의 대상이 될 수 없고 강제추행의 대상이 될 수가 있었을 뿐이다. 강제추행죄의 구성요건은 성욕의 흥분, 자극 또는 만족을 목적으로 하는 행위로서 건전한 상식 있는 일반인의 성적 수치·혐오의 감정을 느끼게 하는 일체의 행위였다. 강간죄의 주체를 남성에게 국한한 것은 성도덕에 대한 이중적 사고에 바탕을 둔 것으로 여성에게 처녀성과 정조를 지키게 하는 목적이 있었다. 이러한 사회적 분위기에서 강간을 당한 여성들은 피해 감정에 더해 죄의식, 자기비하 콤플렉스, 자기 부정심등 정신적 손해를 수반했을 뿐만 아니라 결혼이 어렵고 애인을 잃는 등 사회적으로 불리하였다. 그렇지만 사회 변화로 남성의 동정성 및 정조 역시 여성의 처녀성 및 정조와 동등하게 취급하게 되었고 2012년 형법이 개정되어 여성도 강간죄의 처벌대상이 되었다. 1955년 대법원은 유부의 처가 간통하는 것만을 처벌하도록 규정한 구 형법의 규정에 대해 혈통주의를 존중한 점에서 헌법을 위반하지 않는다고 보았다. 상속에서도 성별에 의한 차별 규정이 있어서 구 민법은 출가 여성의 상속분을 다른 자녀의 4분의 1로 규정했었다. 구 민법은 처를 무능력자로 보았고 1947년 대법원은 이를 헌법에 위반되지 않는다고 판결하였다.

2) 종교

헌법 제20조 제1항은 "모든 국민은 종교의 자유를 가진다."고 규정하고 있다. 종교의 자유에는 적극적 신앙의 자유뿐만 아니라 소극적 신앙의 자유, 즉 신앙을 갖지 않을 자유, 종교행사 참여를 강제당하지 않을 자유를 포함한다. 독일은 14세를 기준으로 스스로 종교를 선택할 자유를 법적으로 인정하고 있다. 우리나라의 판례에 의하면 종교교육의 경우 사립중학교에서 종교 일반을 교육하는 것은 가능하다. 종교단체에서 세운 학교는 1990년부터 교양 선택으로 종교교육을 할 수 있었다. "사립대에서 자유롭게 종교교육을 할 수 있는가?" 하는 점에 대해 1995년 서울지방법원은 입학생이 입학선서를 한 것은 학칙을 포괄적으로 승인한 것으로 보아 가능하다고 판결했다.

강모군 사건(대법원 2010. 4.22. 선고 2008다38288 전원합의체 판결)

D고등학교는 종립학교로서 입학식, 개학식 등을 모두 기독교식으로 진행하고 매일 아침 수업 전 경건회 시간을 가졌다. 강군은 신자는 아니었지만 입학 후 처음 1년 동안 종교행사에 열심히 참석했다. 학생회 임원이 되려면 교회에 1년 이상 출석해야 하는 학칙을 고쳐 달라고 건의했지만 학교측이 거절했고 강군은 1년간 교회에 다닌 후 3학년 때 학생회장이 되었다.

6월 중순경 교내 방송실에 들어가 수요예배를 비판하는 교내 방송을 하였는데 담임교사가 방송실 무단 사용에 대해 학교에 사과를 요구하자 방송실 관리 소홀은 학교책임이며 학교가 변할 때까지 싸우겠다고 이야기했다.

수업 후 자율학습시간에 교육청 앞에서 1인 시위를 전개하자 학생선도위원회는 강군에게 전학을 권유하며 거부시 '교사에게 불손한 반항을 하거나 폭력을 가한 학생'을 징계하는 선도규정을 적용해 퇴학하기로 결의하였다.

강군이 전학을 거부해 퇴학되자 법원에 무효확인소송을 제기하였는데 법원은 학교의 징계재량권 일탈을 이유로 무효 판결하였다. 대학 진학 후 학교를 상대로 제기한 손해배상 청구소송에 대해 1심 법원은 위법한 종교교육과 퇴학처분으로 정신적 고통을 입었다며 1,500만원의 위자료 지급을 판결했다.

2심 법원은 이를 뒤집었지만 대법원에서 학교 측의 손해배상 책임을 인정하였다. 쟁점은 학교가 종교 교육을 행할 자유가 있으므로 기본권 간 충돌의 문제였고 법익형량의 원칙과 규범조화적 해석을 적용하였다. 대법관의 의견이 나뉘었는데 다수의견은 학교보다는 학생의 법익을 좀 더 두텁게 보호해야 한다고 보았다. 사립학교 종교의 자유는 독립된 기본권의 주체인 학생들에게 영향을 미치기 위한 것인 반면, 종교교육을 거부할 학생의 자유는 소극적으로 자기를 지키기 위한 것으로 보았다. 학교는 학생이 거부하지 않는 한 강제 배정된 학생에게도 종교교육을 시킬 수 있으므로 제한적이나마 종교교육의 자유를 누리지만 강제 배정된 학생은 국공립학교에 배정되는데 비해 누릴 수 있는 특별한 이익은 없다. 아직 비판의식이 성숙하지 않은 학생에게 일방적으로 종교교육이 주입된다면 그 자체로 교육 본연의 목적을 벗어나 학생에게 지속적이고 치유하기 어려운 피해를 입힐 뿐만 아니라 그에 대한 구제 수단이 별로 없다는 이유를 들었다. 반대 의견은 학교 측 책임보다 국가의 책임을 강조하였는데 기본권 충돌은 국가의 고교 평준화 제도에 있으므로 일차적 책임은 국가 교육정책이고 이를 학교에 전가하는 것은 부당하다고 하였다. 종교교육 과목에 대해서도 교육부는 고시를 통해 대체과목을 두도록 규정하였지만 이를 실현할 별도의 지원이 없으므로 학교가 대체과목을 두지 않아도 불법행위로 볼 수 없다. 학생 역시 타인에 대한 존중과 배려 등 감내해야 할 부분이 있고 자신의 정체성과 가치관을 정립해 가는 성장과정에서는 다른 세계관·종교관 등과 부딪치며 생기는 갈등을 겪어야 정신적으로 건강한 성인으로 성장할 수 있다고 주장했다.

3) 사회적 신분

사회적 신분은 사람이 사회에서 일시적이 아니고 장기적으로 차지하는 지위를 말한다. 전과자, 사용인, 교원, 노동자, 부자, 빈자, 농민, 어민, 상인, 학생 등은 사회적 신분이다.

판례에 의하면 상습범을 가중 처벌하는 것은 헌법에 위반되지 않는다. 사회보호법상 보호감호처분은 사회적 신분에 의한 차별의 소지가 있어서 2005년 폐지되었다. 존속살인에 대해 일반 살인보다 형량을 무겁게 규정한 형법 제250조 제2항이 헌법에 위반되는지 여부에 대해 위헌설은 이 가중처벌 조항은 봉건적 가족제도의 유산으로서 헌법상 평등원칙에 위반된다고 본다. 효도라는 가치를 형벌 가중으로 강제하지는 못한다고 주장한다. 사실 존속 살인은 피해자인 존속이 비윤리적 행동을 함으로써 인해 도발되는 경우가 많은 것이 현실이다. 합헌설은 상대적 평등의 입장에서 존속살인의 형량을 다르게 정할 수 있다는 점과 효도가 인륜의 근본임을 이유로 헌법의 평등원칙에 위배되지 않는다고 주장한다. 헌법재판소는 합헌설을 택하고 있다. 지방의회의 조사·감사를 위해 채택된 증인의 불출석 등에 대한 과태료를 그 사회적 신분에 따라 차등 부과할 것을 규정한 조례에 대해 대법원은 무효라고 판결하였다. 조례안이 지방의회의 감사 또는 조사를 위하여 출석요구를 받은 증인이 5급 이상 공무원인지 여부, 기관(법인)의 대표나 임원인지 여부 등 증인의 사회적 신분에 따라 미리부터 과태료의 액수에 차등을 두고 있는 경우, 그와 같은 차별은 증인의 불출석이나 증언거부에 대해 과태료를 부과하는 목적에 비추어 볼 때 그 합리성을 인정할 수 없고 지위의 높고 낮음만을 기준으로 한 부당한 차별대우라 할 것이어서 헌법에 규정된 평등의 원칙에 위배되어 무효이다(대판 1997. 2.25. 96추213).

4) 정치적 영역

인구편차에 따른 불평등한 대표성에 관하여 미국 연방 대법원은 과거 정치문제로 보아 왔지만 1962년 '베이커 대 카' 사건에서 부당하게 불평등한 인구 비례 선거구를 획정하는 것이 평등 원칙에 위반한다고 판결하였다.

우리 헌법재판소는 공직선거법상 인구편차에 따른 불평등성에 관하여 1995년, 2001년, 2014년 세 차례에 걸쳐 헌법 위반 내지 헌법 불합치 결정을 하였다. 또한 우리 공직선거법상 국회의원 선거법 기탁금을 정당 후보자는 일천만원인데 비해 무소속 후보자는 이천만원으로 되어 있는 것이 헌법상 평등 원칙에 위반된다고 1989년 결정하였다.

5) 경제적 영역

미국 연방 대법원은 빈곤한 자가 상소비용이 없어서 상소를 하지 못하는 경우 비용면제를 거부하는 것이 헌법상 평등조항에 위배되므로 위헌이라고 결정하였다. 1989년 우리 헌법재판소는 은행의 경매 결정에 항고하기 위해서는 경락대금의 절반을 미리 공탁하도록 한 규정이 합리적 근거 없이 은행에 우월한 지위를 부과한 것으로 헌법에 위반한다고 결정하였다.

6) 사회적 영역

사회적 영역은 인간이 공동체의 삶 속에서 상호간의 접촉과 교류 및 협력 등을 영위해 가는 활동 전반으로서 이에 대한 차별도 평등조항에 위배되어 위헌이다.

7) 문화적 영역

교육·문화·공보와 관련된 영역으로서 헌법은 초·중등학교 무상의무 교육을 정하고 있다. 또한 헌법 제31조 제1항은 능력에 따라 균등하게 교육받을 권리를 규정하고 있다.

미국 연방 대법원은 1896년 플레시 대 퍼거슨 사건에서 '분리하되 평등한' 대우가 헌법에 위반되지 않는다는 원칙을 제시한 바 있다. 그렇지만 1954년 브라운 판결에서 흑·백인의 공학은 실질적으로 인정되어야 한다고 판시함으로써 흑백 분리교육을 헌법에 보장된 평등원칙에 위반한다고 하였다.

8) 불법에 있어서의 평등

불법에 있어서의 평등은 객관적으로 위헌·위법한 행정규칙에 의하여 위법한 행정관행이 형성되었을 때 평등원칙을 근거로 동일한 위법적인 행정작용을 요구할 권리가 인정될 수 있겠는가 하는 문제이다. 불법에 있어서의 평등권 주장은 국가에게 위법행위를 요구하는 것이므로 행정의 법률적합성 원리에 위배되는 것으로 인정될 수 없다.

2. 주요 판례

평등의 적용범위와 관련해 '법 적용 평등설'과 '법 내용 평등설'의 대립이 있다. 평등원칙이 위헌법률 심사의 중요한 기준이 되는 점을 근거로 다수설과 판례는 '법 내용 평등설'을 취하고 있다. 불법영역에서의 평등에 대해서 판례는 부정하고 있다.

대법원과 헌법재판소에서 사용하는 평등원칙의 심사척도는 자의 금지, 비례성의 원칙을 들 수 있다. 헌법재판소는 1990년 국·공립 사범대학 졸업자를 사립 사범대학 졸업자에 비해 우선 채용한 것이 평등원칙을 규정한 헌법 제11조에 위반한다고 결정하였다. 양자는 설립주체만 다를 뿐 교육과정 등 교육에 필요한 제반사항(교육목표, 입학자격, 선발방법, 수업연한, 동일한 교과, 동일한 교원검정과정)에 있어서 차이가 없고 개인차를 제외하고서는 교원자격의 본질적 요소에 아무런 차이가 없다. 따라서 합리적 이유 없이 국·공립 사범대학 졸업자와 사립 사범대학 졸업자를 차별한 것으로서 헌법에 보장된 평등권 침해한 것으로 결정하였다.

헌법재판소는 2005년 교도소의 독거수용자에 대해 텔레비전 시청을 제한하는 것이 헌법에 위반되지 않는다고 결정하였다. 초·중등 교원과 대학교 교원 사이에 정년을 차등한 것이 위헌인지 여부에 대해서 헌법재판소는 헌법에 위반하지 않는다고 결정한 바 있다. 헌법 제44조의 국회의원 불체포 특권은 1603년 영국 의회의 특권법에 기반을 둔 것으로서 현행법을 제외하고 회기 중, 국회의 동의 없이 체포되지 않는다고 규정하고 있다. 헌법 제45조 국회의원의 면책 특권은 발언·표결의 원외 면책을 규정하고 있다. 이는 1689년 영국의 권리장전에서 유래하였다. 1992년 9월 대법원은 "본회의에서 발언할 내용의 원고를 원내기자실에서 기자에게 배포한 행위는 직무상 부수행위로써 직무상 행위에 해당하므로 면책특권이 적용"된다고 판결하였다.

IV. 가족생활에서의 여성과 법

1. 가족관계의 특징

　가족관계는 숙명성과 자주성을 특징으로 하고 있다. 사람을 가족이라는 사회질서에 편입시킴으로써 법률관계를 유지하고 있다. 재산관계는 원칙적으로 합리성과 개인의 의사자유를 기초로 하여 이해 타산적으로 맺어지는 반면에 가족관계는 통상 숙명적으로 정하여 지며 가족관계형성의 자유가 있다(예컨대 혼인의 자유 등). 가족관계는 비타산성을 특징으로 하는 바 당사자의 진의가 절대적으로 존중된다. 또한 보수성이 특징인데 관습이나 풍속 등 전통의 힘이 강하게 작용한다. 이미 사회적으로 형성된 가족관계의 유지를 목적으로 한다는 점에서 강행규정성을 갖는다.

　헌법 제36조 제1항은 "혼인과 가족생활은 개인의 존엄과 양성의 평등을 기초로 유지되어야 하며 국가는 이를 보장한다."고 규정하여 남녀평등성을 보장하고 있다. 구 민법 제809조 제1항의 동성동본 금혼제도는 1997년 7월 헌법재판소의 헌법불합치 결정으로 폐지되었다. 결정의 논지는 금혼범위가 배우자의 선택권을 침해하였고 이에 대한 우생학적 근거가 없다는 것이다. 농경중심의 가부장 이념은 자유민주주의와 양립할 수 없고 인간의 존엄과 양성 평등에 위배되며 공공복리와 무관하다고 보았다. 이러한 취지에 따라 2005. 3. 31. 근친혼 등의 금지로 바뀌었다. 근친혼은 적지 않은 유전학적 문제를 낳는다는 점에서 동성동본혼과 다르다. 근친혼 금지는 우생학적 또는 사회 윤리적 관점에서 합리적 근거에 기반한 것으로 본다.

2. 가족법의 원리

생활공동체로서의 가족이 가족법의 기본인식이다. 사실혼, 혼외자 등 사실 상태로부터 관계가 발생하는 측면이 있어서 의사와 사실이 교차한다. 분쟁은 법이 아닌 습속에 의해, 소송이 아닌 합의에 의해 해결되는 경우가 많다. 개인의 사생활(프라이버시) 영역이 많고 법과 비법이 상호 영향을 주는 것이 특징이다. 가족은 개인과 국가 사이의 중간단체로서의 성격을 가진다는 것이 가족법의 기본 가치이다. 가족은 자유를 주장하는 복수 인간의 모임으로써 상호 조정과 상호협력이 필요하다. 가족에 무엇을 맡기고 국가가 무엇을 담당할지 선택하는 점에서 자율과 지원의 균형이 중요하다.

3. 친족법의 내용

1) 친족
친족은 혈연과 혼인을 기초로 하여 성립하는 사회 관습상의 단체로서 현행 민법은 배우자, 혈족, 인척을 친족으로 하고 있다.

2) 배우자
혼인에 의하여 결합한 남녀를 말하고 혼인신고를 한 법률상 부부에 한정된다. 사실혼 부부는 배우자가 아니다. 다만 주택임대차보호법 제9조나 학설·판례에 의해 사실혼부부에게 법률상 배우자에 준하는 보호가 주어지기도 한다.

3) 혈족

혈족에는 자연혈족과 법정혈족이 있다. 자연혈족은 혈연의 연락이 서로 있는 자를 말한다. 민법 제768조는 자기의 직계존속과 직계비속을 직계혈족이라고 하고 자기의 형제자매와 형제자매의 직계비속, 직계존속의 형제자매 및 그 형제자매의 직계비속을 방계혈족으로 규정하고 있다. 자연혈족관계는 원칙적으로 출생에 의하여 발생하고 사망으로 인하여 소멸한다.

법정혈족은 법률이 입양이라는 사실에 입각하여 혈연관계가 없는 자 상호간에 자연혈족과 동일한 관계를 인정한 자를 뜻한다. 다만 계모자관계·적모서자관계는 법정혈족관계가 아니라 인척관계이다. 따라서 계모는 법률상의 모가 아니다. 입양으로 인한 친족관계는 입양의 취소 또는 파양으로 인하여 종료된다.

4) 인척

인척은 혼인을 기초로 성립하는 친족으로서 민법 제769조는 혈족의 배우자, 배우자의 혈족, 배우자의 혈족의 배우자를 인척으로 규정하고 있다. 혈족의 배우자의 혈족은 관습상의 사돈으로서 인척에 해당하지 않는다. 예컨대 형제의 처의 부모·형제자매, 자매의 夫의 부모·형제자매 등은 사돈이다.

5) 친계

친계는 혈족 연락의 관계로서 직계는 혈통이 직상·직하 하는 형태로 연결되는 친족이고 방계는 혈통이 공동시조에 의해 갈라져서 연결되는 친족이다. 존속은 부모 및 부모와 동일한 항렬 이상에 속하는 친족을 말하고 비속은 자 및 자와 동일한 항렬 이하에 속하는 친족을 말한다. 촌수는 친족관계의 긴밀도를 나타내는 척도의 단위로서 배우자 사이는 촌수가 없다. 직계혈족은 자기로부터 직계존속에 이르고 자기로부터 직계비속에 이르러 그 세수를 정한다(민법 제770조).

[호주제도의 폐지]

　가부장제도 아래서는 가의 대표인 호주가 가족을 통솔한다. 이는 초개인적 이념체로서 '가통' 사상에 기한 봉건적 예속관계가 반영된 것인데 과거 호주제도가 근대적 민주의식에 맞지 않고 가족생활의 실질에도 부합하지 않는다고 보고 1990년 민법을 개정하였다. 즉 호주에 관한 실질적 권리·의무를 폐지 또는 수정하여 호주와 가족 사이의 평등을 도모하였다. 그러나 이러한 개정에도 불구하고 호주제 폐지 여론이 높았는데 2005년 호주제에 대한 헌법재판소의 헌법불합치결정 이후 민법 개정으로 호주제도가 완전 폐지되었다.

　헌법 불합치 의견의 논거를 보면 헌법과 전통의 관계에 대해서 전통문화는 역사성과 시대성을 띤 개념으로서 헌법의 가치질서, 인류의 보편가치, 정의와 인도정신 등을 고려해 오늘날 의미로 포착해야 한다. 성역할에 관한 고정관념에 기초한 차별로서 양성평등에 위반되며, 호주승계순위가 남성 우월적 서열을 매김으로써 남녀를 차별 취급하며, 혼인하면 여자는 부(夫)의 가에 입적하게 하는 삼종지도의 모습을 갖는다. 국가는 개인의 생활양식, 가족형태의 선택의 자유를 널리 존중하고 인격적·애정적 인간관계에 터 잡은 현대 가족관계에 개입하지 않는 것이 바람직하다는 점에서 개인의 존엄성에 위반된다. 개인을 독립적 인격체가 아닌 남계혈통 중심의 가의 유지와 계승이라는 목적을 위한 대상적·도구적 존재로 파악한다는 점을 들었다. 반대의견은 가족법이 전통성·보수성·윤리성을 강하게 가지는 점과 도식적인 평등의 잣대로 인해 전통가족문화가 송두리째 부정되고 해체될 우려를 들었다.

6) 子의 성과 본

민법 제781조 제1항은 子의 성을 결정함에 있어서 부성승계주의(부계 혈통주의)를 유지하면서 모의 성을 승계할 수 있는 가능성을 부여하고 있다. 성의 결정에서 강제성이 완화되고 임의성이 부여되었지만 제3의 성을 취하는 것은 허용되지 않는다. 혼인 신고시 부모가 모의 성과 본을 따르기로 협의한 경우에 子는 모의 성과 본을 따른다(동항 단서). 협의의 내용에 대해서는 제한이 없으므로 당사자가 임의로 정할 수 있다. 그렇지만 아들은 부, 딸은 모의 성을 취하는 협의는 허용되지 않는다고 보아야 할 것이다. 부가 외국인인 경우에 자는 모의 성과 본을 따를 수 있다. 물론 부의 외국식 성을 따르는 것도 허용된다. 부를 알 수 없는 자는 모의 성과 본을 따른다. 부모를 알 수 없는 자는 법원의 허가를 받아 성과 본을 창설한다. 다만, 성과 본을 창설한 후에 부 또는 모를 알게 되면 부 또는 모의 성과 본을 따른다. 부가 자를 인지한 경우 성의 변경이 일어나게 되어 子는 종전의 성을 버리고 인지한 부의 성을 따라야 한다. 그러나 예외적으로 부모의 협의에 따라 종전의 성과 본을 계속 사용할 수 있다. 단 부모가 협의할 수 없거나 협의가 이루어지지 아니한 경우에는 子는 법원의 허가를 받아 종전의 성과 본을 계속 사용할 수 있다.

7) 성의 변경

가족형태의 다양화에 따른 불편이나 불이익을 제거하고 자의 복리를 위하여 자의 성을 변경할 수 있도록 하였다. 성의 변경에는 법원의 허가가 필요하다. 청구인은 원칙적으로 부, 모 또는 자이다. 자가 미성년자이고 법정대리인이 청구할 수 없으면 제777조에 따른 친족 또는 검사가 청구할 수 있다. 서구 사회에서는 여성이 자신의 성을 잃고 남편 성을 따르는데 이것은 법률 규정은 아니다.

4. 약혼

1) 약혼의 의의

약혼은 장차 혼인할 것을 목적으로 하는 당사자 사이의 계약이다.

2) 약혼의 성립

약혼은 혼인하려는 양 당사자의 합의로 성립한다. 이 합의는 배우자라는 가족법상의 신분을 창설하는 합의로 형성적 신분행위에 속한다. 약혼에는 나이 제한이 있어서 18세 이상이어야 한다. 과거 남성 18세,

여성 16세로 차이가 있었지만 이는 성에 의한 분업을 고정화한다는 점에서 남녀 차별이라고 보아 개정되었다. 18세가 된 미성년자나 피성년후견인이 약혼할 때에는 부모나 후견인의 동의를 받아야 한다. 동의를 얻지 않고 한 약혼은 취소할 수 있다. 약혼은 낙성적이며 아무런 방식도 필요로 하지 않는다. 예물의 교환이나 지방적인 의식이 행해지는 경우가 많지만 의식이 없는 약혼도 유효하다. 예물교환이 없더라도 약혼이 없었던 것으로 추정되지는 않는다.

3) 약혼의 효과

당사자는 서로 성실하게 교제하고 가까운 시기에 부부공동체를 성립시킬 의무를 진다. 약혼했다고 해서 강제로 혼인을 요구하지는 못한다. 약혼만으로는 아무런 가족법적 친족관계가 발생하지 않는다.

약혼을 하게 되면 혼인할 의무가 있어서 장기간 지연할 때 파혼 사유가 되고, 손해배상책임을 지게 된다. 약혼자 사이는 법률상 남남으로 한 당사자가 다른 당사자에게 성행위를 요구할 권리는 없다. 과거 형법에는 혼인빙자간음죄가 있었으나 2009년 헌법재판소에서 헌법위반으로 결정한 이후, 2013년 형법 개정으로 폐지되었다.

4) 약혼의 해제

파혼은 양 당사자가 합의할 경우 가능하다. 상대방이 약혼 후 자격정지 이상의 형의 선고를 받았거나 성년후견·한정후견 개시의 심판을 받은 경우, 성병, 불치의 정신병, 기타 불치의 질병이 있는 경우, 타인과 약혼 또는 혼인하거나 간음한 경우, 약혼 후 1년 이상 생사가 불명한 경우, 정당한 이유 없이 혼인을 미루거나 거절한 경우, 그밖에 중대한 사유가 있는 경우 파혼할 수 있다. 기타 중대한 사유는 구체적인 사건에 대하여 당사자의 성격, 건강, 재산, 가정환경, 사회적 지위 등을 고려하여 합목적적으로 결정하여야 할 것이다. 예컨대, 사기 또는 강박에 의한 약혼, 가족을 부양할 능력이 없는 정도로 재산상태가 악화된 경우, 불구자가 된 경우, 행복한 혼인의 가능성이 전혀 없어졌을 경우,

성교불능, 학력·경력·직업을 속인 경우 등을 들 수 있다. 대법원 판례에 의하면 중매로 만난 뒤 10일간 교제를 거쳐 약혼한 경우에 학력과 직장에서의 직종·직급을 속인 경우 약혼을 해제할 수 있는 사유에 해당한다고 보았다. 실제로는 전주고 부설 방송통신고등학교를 나왔는데 전주고를 나온 것으로 학력을 속였고 실제로는 세종문화회관 기능직 8급인데 서울시 행정직 7급으로서 파견 근무 중인 것으로 직급을 속였던 사례에서 약혼해제 사유가 된다고 보았다. (대판 1995. 12. 8. 94므1676·1683) 파혼은 전화, 편지, 내용증명으로 할 수 있으며 파혼의 책임 있는 당사자는 파혼 후 예물을 반환하여야 한다. 약혼에 대한 합의 해제는 합의에 의해 결정할 수 있으며 합의가 되지 않으면 부당이득으로서 반환청구소송을 할 수 있다. 손해배상에 불응할 경우 상대방 주소지 관할 가정법원에 조정을 신청할 수 있다.

5. 법이 인정하는 혼인

1) 혼인의 의의

혼인은 혼인하는 당사자 사이에 혼인할 의사가 있어야 하며 가장 혼인이나 계약결혼은 불가능하다.

2) 혼인의 성립

① 실질적 요건
혼인 의사의 합치가 있어야 한다. 혼인의사란 사회통념상 혼인을 형성하려는 의사, 즉 정신적·육체적으로 부부관계를 성립시킨다는 의사를 말한다(실질적 의사설). 여기서 同性의 자의 의사표시는 합의로 인정되지 않는다. 일부 국가는 명칭 여하에 불구하고 동성 간의 결합에 일정한 효과를 부여하는 경향을 보이고 있는데 프랑스의 PACS가 그 예이다. 당사자가 실체적 부부관계를 형성할 의사 없이 혼인신고를 해 혼인의 법률상의 효과의 취득만을 구하는 가장혼인은 무효이다. 성질상

조건부 또는 기한부 혼인 의사는 있을 수 없다. 만18세가 된 사람은 혼인할 수 있다. 미성년자가 혼인하는 경우 부모의 동의를 받아야 하며 부모 중 한 쪽이 동의권을 행사할 수 없을 때에는 다른 한쪽의 동의를 받아야 하며 부모가 모두 동의권을 행사할 수 없을 때에는 미성년후견인의 동의를 받아야 한다.

근친혼이 아니어야 한다. 혼인을 하지 못하는 관계는 8촌 이내 혈족, 6촌 이내 혈족의 배우자, 배우자의 6촌 이내 혈족, 배우자의 4촌 이내 혈족의 배우자인 인척이거나 인척이었던 자, 6촌 이내 양부모계의 혈족이었던 자, 4촌 이내 양부모계의 인척이었던 자이다. 중혼이 아니어야 한다. 민법은 일부일처를 혼인의 기본원리로 삼고 있기 때문에 배우자 있는 자의 혼인을 금지한다(제810조). 중혼은 법률상 무효는 아니고 취소할 수 있다. 중혼의 경우에는 후에 성립한 혼인의 취소사유가 된다.

② 형식적 요건

민법은 "혼인은 신고함으로써 그 효력이 생긴다(제812조 제1항)"라고 규정하지만 신고는 단순한 효력발생요건이 아니라 그것에 의해 부부관계 및 가족적 관계가 형성되는 창설적인 것이므로 혼인의 성립요건이라고 보는 것이 통설·판례이다. 혼인 신고는 본인이 하지 못할 때 우편이나 대리인이 접수할 수 있다.

3) 혼인의 무효와 취소

① 혼인의 무효

혼인의 합의가 없거나 8촌 이내 혈족, 직계 인척 관계이거나, 양부모계의 직계혈족과의 결혼은 무효혼이 된다. 무효혼의 당사자는 처음부터 부부가 아니었던 것으로 되므로 부부임을 기초로 한 상속, 그 밖의 권리변동도 무효가 된다. 무효혼의 경우 출생한 자녀는 혼외자가 되며, 재산 분할 청구를 하지 못하지만 손해배상을 청구할 수 있다. 무효사유가 있는 혼인은 법원의 판결이 없어도 법률상 당연히 무효라는 것이 통설·판례이다. 당사자 간에 혼인의 합의가 없어서 무효인 혼인이라 하더라도 후일 양 당사자 간에 혼인의 합의에 이르게 되면 그 혼인을 무효로 할 것이 아니다.

② **혼인의 취소**

혼인을 취소할 수 있는 경우는 혼인 연령에 미달하였거나, 부모의 동의 없는 미성년자의 혼인, 성년후견인의 동의가 없는 피성년후견인의 혼인, 이중혼, 6촌 이내 혈족의 배우자나 배우자의 6촌 이내 혈족 사이의 결혼, 악성질환, 사기·강박혼을 들 수 있다. 사기·강박에 의한 혼인은 3개월 내에 취소할 수 있다. 혼인의 취소는 취소권자의 의사표시만으로는 행사할 수 없고 반드시 소송에 의하여야 한다. 혼인의 취소를 하려고 하는 사람은 우선 가정법원에 조정을 신청하여야 한다. 조정을 하지 않기로 하는 결정이 있거나 조정이 성립되지 않고 조정에 갈음하는 결정이 없는 경우에, 신청인은 조정조서 등본이 송달된 날로부터 2주일 내에 제소신청을 할 수 있다. (가사소송법 제49조, 민사조정법 제34조) 혼인취소의 소는 가정법원에 청구하여야 한다. 취소판결의 효력은 제3자효를 가진다(가사소송법 제21조 제1항). 취소의 판결이 확정되면 혼인은 장래에 향해서만 해소되며 소급효가 인정되지 않는다. 혼인취소의 효력이 소급되지 않는 결과 취소된 혼인관계에서 출생한 자녀는 혼인취소 후에도 혼인중의 자의 지위를 잃지 않는다. 양육자는 부모가 협의하되 협의가 성립되지 않을 경우 가정법원이 직권 또는 당사자 청구로 결정한다. 양육자가 아닌 부모는 면접교섭권을 갖는다. 혼인 후 성년이 되거나 임신하면 부모의 동의를 받지 못했다는 이유로 혼인을 취소하지 못한다.

> **형부와 처제, 형수와 시동생은 혼인할 수 있는가?**
> 1990년 민법이 개정되기 전 구 민법 제809조 제2항은 "남계혈족의 배우자, 남편의 혈족, 기타 8촌 이내의 인척이거나 인척이었던 자 사이에는 혼인하지 못한다."고 규정하고 있어서 처제와 형부는 관습적으로 혼인이 인정되기도 하였다. 그러나 민법 개정으로 '8촌 이내의 혈족과 4촌 이내의 인척, 배우자'를 친족으로 하여 부계중심만이 아닌 부부 중심으로 친족의 범위가 바뀌었으므로 처제와 형부는 4촌 이내의 인척에 해당하므로 법률상 혼인은 불가능하게 되었다. 형수와 시동생은 친족으로서 민법 개정 전후 모두 혼인할 수 없다. 일단 혼인을 하면 무효로 되는 것은 아니고 취소할 수 있을 뿐이다.

4) 혼인의 신분적 효력

① 친족관계의 발생

혼인으로 새로운 가족관계가 발생하게 된다. 민법에서 친족은 8촌 이내의 혈족, 4촌 이내의 인척, 배우자로 규정하고 있는데 인척은 '혼인으로 인해 발생하는 친족'을 말한다. 부부는 상대방의 4촌 이내의 혈족과 4촌 이내의 혈족의 배우자 사이에 서로 인척관계가 생긴다.

② 동거·부양·협조의 의무 및 정조 의무

부부간의 관계에 대해서는 부부 동체주의와 부부별체주의가 있다. 부부 동체주의는 부부관계는 두 개의 인격이 결합된 일체관계로 보아 부부는 신분, 재산, 성 그리고 주거를 같이 하여야 한다는 입장이다. 이에 의하면 부의 인격이 처의 인격을 흡수해 부의 인격만 남는 것으로 보아 부의 처에 대한 절대 지배를 보장한다. 부부 별체주의는 부부관계를 독립·대등한 개인 사이의 계약적 관계로서 보고 부부는 재산을 각각 소유·관리·사용·수익·처분하게 되며 부는 물론 처도 법률상 인격이 제한되지 않는다는 입장이다. 우리 민법은 부부 별체주의를 채택하고 있다. 혼인으로 발생하는 권리·의무에는 동거 의무, 부양·협조 의무 등이 있다. 명문의 규정은 없지만 일부일처제나 중혼의 금지규정 및 혼인의 본질상 양 당사자가 정조의무를 진다는 것은 명백하다.

당사자 일방이 정조의무에 위반한 경우에는 이혼원인이 되고 손해배상책임도 지게 된다. 그리고 부정행위의 상대방도 배우자가 있음을 알고서 정을 통한 때에는 공동불법행위자로서 배상책임을 지게 된다.

③ 성년의제

민법은 미성년자도 혼인하게 되면 성년으로 보는 성년 의제 제도를 두고 있다. 혼인한 미성년자는 행위능력을 취득하게 되고 친권과 후견은 종료한다. 따라서 미성년자는 단독으로 법률행위를 할 수 있다. 성년의제는 민법상 법률관계에만 적용되고 선거권이나 청소년보호법·근로기준법은 미성년자가 혼인을 하였다고 하더라도 여전히 미성년자로 본다. 성년의제는 법률혼에만 적용되고 사실혼에 대해서는 적용되지 아니한다.

5) 혼인의 재산적 효력

부부가 원만하게 결혼생활을 하는 동안에는 부부사이의 재산관계에 대해 법률이 간섭할 필요가 없다. 그러나 혼인이 해소된 경우, 부부의 일방이 제3자와 재산상의 분쟁이 생긴 경우, 일방의 사망으로 상속이 개시된 경우 등에 대비하여 부부간의 재산관계는 분명히 해 둘 필요가 있다. 부부재산제는 여성의 지위향상과 밀접한 관계가 있다. 부권적 가족제도 아래서 처는 부의 지배 아래 있었기 때문에 혼인을 하게 되면 처의 인격과 함께 부의 재산에 흡수되었다(재산흡수제). 그 후 처의 개인적 재산이 인정된 후에도 여전히 처의 재산에 관한 관리·지배가 부에 의해 행해졌다(관리공통제). 근대에 부부평등의 이념이 강화되고 여성의 경제적 지위가 향상되어 처는 부와 독립된 주체가 되고 그의 재산을 스스로 관리·지배할 수 있게 되었다(부부별산제). 우리나라는 부부 별산제를 채택하고 있다. 부부는 혼인성립 전에 그 혼인중의 재산에 관하여 자유로이 특별한 약정을 정할 수 있다(제829조). 부부가 혼인신고 전에 부부재산계약을 체결하지 않는 한 그 재산 관계는 법정재산제에 의한다. 민법은 부부재산에 있어서 완전한 별산제를 취하고 단지 제3자에 대하여 일정한 범위에서 부부의 연대책임을 인정하고 있다. 부부재산계약은 혼인 성립 전에 체결할 수 있으며, 결혼 이후에 체결된 부부재산계약의 효력을 인정하지 않는다. 부부재산계약으로는 주로 증여, 재산의 처분제한, 재산의 관리권, 재산의 사용수익권, 결혼비용부담, 혼인생활비용의 부담 등에 대해 할 수 있다. 부부재산계약은 혼인 중에 이를 변경하지 못하지만 정당한 사유가 있을 때에는 법원의 허가를 얻어서 이를 변경할 수 있다. 부부재산계약은 혼인중의 재산계약의 종료와 혼인관계의 소멸로 종료한다. 부부별산제는 고유재산과 특유재산을 개인재산으로 보는 제도이다. 고유재산은 부부의 일방이 혼인 전부터 가진 재산으로서 혼인 시에 부모로부터 받은 재산이나 혼인 전에 직장생활 등에서 번 재산이다. 특유재산은 혼인 중 자기의 명의로 취득한 재산으로서 혼인 후 직장생활 등에서 번 재산이나 자기 재산으로부터의 이자 또는 상속 등으로 얻은 재산이다. 부부공동생활에 필요한 비용의 부담은 당사자 사이에 특별한 약정이 없으면 부부가 공동으로 부담한다(제833조). 공동생활에 필요한 비용은 의식주의 비용, 의료비, 장례비, 문화비 등을 비롯하여 자녀의 양육비, 교육비 등 일상 가사의 범위에 속하는 모든 비용을 말한다. 민법은 부부평등의 원칙에 입각해 일상가사대리권을 규정하고 있는데 부부는 일상가사에 관하여 서로 대리권이 있다(제827조 제1항). 부부의 일방이 일상 가사에 관하여 제3자와 법률행위를 할 때에는 다른 일방은 이로 인한 채무에 대하여 연대책임이 있다. 부부의 일방은 일상가사대리권을 제한할 수 있다. 그러나 그 제한은 선의의 제3자에게 대항하지 못한다(제827조 제2항). 법률행위로 인한 책임은 그 행위를 한 남편이나 아내가 부담하는 것이 원칙이지만 상대방 보호를 위해 일상가사에 대해 부부간 연대책임을 인정하고 있다. 그 내용, 정도 및 범위는 부부의 사회적인 지위, 계급, 직업, 재산, 수입의 능력 등 개별적으로 인정할 현실적 생활능력을 고려하여 주관적 의사와 더불어 객관적으로 결정하여야 한다. 판례는 사치품 구매나 교회 헌금, 가게 인수대금, 장남 교회 및 주택임대차 보증금의 보조금, 거액의 대출금에 대한 이자 등은 일상가사대리의 범위에 포함되지 않는 것으로 본다.

6) 혼인의 해소

① 혼인해소의 의의
  혼인의 해소란 일단 완전 유효하게 성립한 혼인이 종료하는 것을 말한다. 혼인은 배우자의 사망 및 실종선고와 이혼에 의해 해소된다. 이혼에는 협의이혼과 재판상 이혼이 있다.

② 배우자의 사망에 의한 혼인의 해소
  사망으로 인하여 혼인이 해소되면 부부라는 신분관계가 소멸함으로써 혼인을 전제로 한 여러 효력도 소멸한다. 동거·부양·협조의 의무와 정조의무가 소멸하고 재혼도 자유로이 할 수 있으며 생존 배우자는 사망자를 상속하게 된다. 사망의 경우 인척관계가 유지되지만 생존배우자가 재혼하게 되면 인척관계가 소멸된다.
  부부의 일방이 실종선고를 받으면 그 실종기간 만료된 때에 혼인이 해소된다. 그러나 실종선고 후 잔존 배우자가 재혼을 한 뒤 실종선고가 취소된 경우, 재혼당사자의 일방 또는 쌍방이 악의이면 전혼은 부활하고 후혼은 중혼이 되어, 전혼에는 이혼 원인이 생기고 후혼은 취소할 수 있다. 그러나 재혼 당시 쌍방이 선의이면 전혼은 부활하지 않고 후혼만 유효한 혼인이 된다.

③ 협의이혼
  협의이혼은 부부가 합의해 부부관계를 끝내는 것이다. 이혼의 의사가 실제로 있느냐를 기준으로 하던 실질적 의사설이 종전의 판례였지만 지금은 이혼의 실질적 의사가 없더라도 가능하다는 형식적 의사설로 판례가 변경되었다. 과거에는 채권자 집행을 면하기 위한 방편으로서의 이혼이 불가능하였지만 지금은 가장이혼도 유효하다. 피성년후견인이 이혼하기 위해서는 성년후견인의 동의가 필요하다. 미성년자의 경우는 혼인하게 되면 성년으로 의제되므로 부모의 동의가 없더라도 이혼할 수 있다. 협의이혼 전에 이혼에 관한 안내를 받을 의무가 있고 전문상담원의 상담을 받도록 권고하고 있다. 이혼하기 위해서는 이혼의사 확인 신청서를 가정법원에 제출하면 되는데, 숙려기간을 거쳐야 한다. 이

혼숙려제도란 협의이혼을 신청할 경우 미성년자 자녀의 복리를 위해 성급한 이혼을 막고 부부가 서로 생각할 시간을 갖게 하는 제도이다. 2004년 서울 가정법원 및 법원 가사 소년제도 개혁위원회에서 협의이혼 의사확인절차와 관련하여 의결하고 2006년부터 전국적으로 시행되었다. 숙려기간은 미성년 자녀가 있는 경우에는 3개월이고 미성년 자녀가 없으면 1개월이다. 양육사항 협의서를 제출할 때 친권자를 결정하여 협의서와 함께 제출하여야 한다. 숙려기간은 이혼 당사자 일방의 폭력 등 고통이 수반될 경우 법원 재량으로 단축 또는 면제가 가능하다. 법원에서 발급확인서 등본 교부 후 3월 이내 등록기준지 주소지에 신고하면 이혼이 되며 부부 중 1인이 신고하여도 된다. 그렇지만 가정법원의 확인이 있은 이후라도 이혼 의사를 철회할 수 있다. 사기·강박으로 인한 이혼은 다시 취소할 수 있는데 취소권은 사기·강박을 안날부터 3개월이 경과하면 소멸한다.

④ 재판상 이혼(심판이혼)

재판상 이혼은 협의 이혼이 불가능할 경우 제소 후 판결에 따라 이혼하는 것으로서 강제 이혼이라고도 한다. 민법은 개별적 이혼 원인을 나열한 후 '기타 혼인을 계속하기 어려운 중대한 사유'도 이유로 들고 있어서 유책주의를 원칙으로 하되 예외적으로 파탄주의를 채택하고 있다. 혼인을 계속하기 어려운 중대한 사유는 파탄주의의 입장이라고 할 수 있지만 아직까지 대법원 판결은 유책주의의 입장을 취하고 있다.

민법 제840조는 재판상 이혼원인에 배우자의 부정한 행위가 있었던 때를 두고 있다. 이 경우 다른 일방이 사전 동의나 사후 용서를 한 때 또는 이를 안 날로부터 6월, 그 사유가 있은 날부터 2년을 경과한 때에는 이혼을 청구하지 못한다(제841조). 배우자가 악의로 다른 일방을 유기한 경우도 이혼 원인이 된다. 혼인 신고 후 약 20일 동거한 후 농사일 힘들고 남편 건강이 나쁘다고 가출한 경우 악의로 배우자를 유기한 경우로서 이혼사유에 해당한다는 판례가 있다. 남편이 정신 이상 증세가 있는 처를 두고 가출하여 비구승이 된 경우 악의에 해당된다는 판결도 있다.

배우자로부터 심히 부당한 대우를 당한 경우 이혼 사유가 된다. 다만 가정불화 와중에 서로 격한 감정에서 오고간 몇 차례의 폭행 및 모욕적 언사는 비교적 경미한 때에는 이혼사유에 해당되지 않는다. 부당한 대우인지 여부에 대해서는 사회통념과 당사자의 사회적 지위를 고려해 구체적·개별적으로 판단한다. 그 밖에 자신의 직계존속을 심히 부당하게 대우하거나 3년 이상 생사 불명의 경우 이혼사유가 된다. 기타 혼인을 계속하기 어려운 중대한 사유가 있을 때 이혼사유가 된다. 법원이 혼인을 계속하기 어려운 사유로 인정한 경우로서는 배우자의 범죄·구속, 합리적 이유 없는 성관계 거부(대판 2002. 3.29. 2002므74.), 성적 불능(대판 2010. 7.15. 2010므1140.), 불치의 정신병, 사실상 별거, 상습 도박, 알코올·마약 중독, 낭비벽, 夫의 가부장적 태도(대판 2000. 9. 5. 99므1886.) 등이 있다.

판례가 이혼사유가 되지 않는다고 본 사례로서는 정신병 증세가 있지만 가벼운 정도에 그치거나 회복 가능한 경우, 우울증 증세를 보였으나 치료 받아 일상생활에 지장이 없는 경우, 이혼합의 사실이 존재하지만 그 밖에 특별한 사유 없을 때, 부부사이에 단기간 성적 접촉이 없는 경우, 가정생활과 양립할 수 있는 정도의 신앙생활(대판 1981. 7. 14. 81므26.), 일요일 오후 교회에 나가기 위해 제사에 불참한 경우, 임신불능(대판 1991. 2.26. 89므365·367.) 등이 있다. 부부관계 자체는 회복할 수 없을 정도로 파탄되었지만 혼인의 파탄에 대하여 전적으로 또는 주로 책임을 질 배우자에 의한 이혼청구를 인정할 것이냐 하는 것이 쟁점이 된다. 법원의 판결은 혼인을 계속할 의사가 객관적으로 없음이 명백한데 오기나 보복의 감정으로 이혼에 응하지 않는 등의 특별한 사정이 없는 한 축출이혼을 인정하지 않고 있다(대판 1999. 10. 8. 99므1213.). 유책배우자의 이혼청구를 배척하는 것은 파탄주의의 제한이다. 우리나라의 현실이 아직 유책배우자가 남자인 경우가 많으므로 이를 인용한다면 사실상 축출이혼을 합법화시키는 결과가 된다. 과거와 달리 재산분할 청구권의 신설로 여성의 형편이 많이 나아졌지만 이혼 후의 생활보장이 확실하게 보장되고 있지 않는 한 현실에서는 가혹한 희생자가 될 가능성이 크다.

재판상 이혼은 조정전치주의를 채택하고 있어서 이혼을 하려고 하는 자는 먼저 가정법원에 조정을 신청하여야 한다(가사소송법 제2조 제1

항 나류사건 제4호·제50조 제1항). 다만 배우자의 생사가 3년 이상 분명하지 않음을 이혼원인으로 하는 경우는 예외이다. 가정법원의 가사조사관이 조사한 내용을 토대로 조정위원들이 조정에 성공하면 확정판결과 동일한 효력을 갖는다. 조정이 성립되지 않으면 소송으로 이어지는데 소송에서 이혼판결이 확정되면 1월내에 판결 등본과 확정증명서를 첨부하여 이혼신고를 할 수 있다. 1심 판결을 불복해 항소한 경우 항소심에서 이혼의 이유가 있다고 판단되어도 기각할 수 있다. 이는 사회정의·형평 이념과 가정평화·미풍양속 유지를 위하여 둔 규정이다. 이혼 소송에 있어서 위자료 산정은 혼인 파탄의 원인, 잘못의 정도, 재산상태, 생활 정도, 혼인 기간, 내력, 학·경력, 직업, 자녀 부양 등을 종합적으로 고려해서 결정한다. 위자료 이외에도 재산상 손해와 정신상 고통에 대한 손해배상을 청구할 수 있으며 우선 조정을 신청하여야 한다.

⑤ 재산분할청구권

　재산분할청구권은 이혼을 한 당사자의 일방이 다른 일방에 대하여 부부의 공동재산에 대하여 청산한다는 의미로 재산분할을 청구하는 권리이다. 이혼으로 부부의 공동생활은 없어지고 경제생활도 종료되기 때문에 공동재산의 청산에 들어가게 된다. 이때 혼인 중 부부의 기여로 증식된 재산에 대해 분할을 청구할 수 있게 된다. 재산분할을 할 것인가와 그 액수, 방법은 우선 당사자가 협의하거나 조정에 의하여 정하게 된다. 재산분할에 관하여 협의가 되지 아니하거나 협의할 수 없는 때에는 가정법원은 당사자의 청구에 의하여 당사자 쌍방의 협력으로 이룩한 재산의 액수 기타 사정을 참작하여 분할의 액수와 방법을 정한다. 재산분할청구권의 시효는 2년이며 재산분할의 방법은 금전 지불 외에도 현물 분할도 가능하다. 재산 분할의 대상은 부부가 혼인 중 함께 노력해 형성한 공유재산에 국한되며 부부의 일방이 혼인 전부터 가지고 있던 고유재산, 자신의 명의로 취득한 그 사람의 특유재산은 이혼 시 재산분할의 대상이 되지 않는다. 재산이 누구 명의로 되어 있는가 하는 것은 중요하게 고려되지만 결정적인 것은 아니다. 누구에게 속한 것인지 분명하지 않으면 공유재산으로 본다. 남편이 벌어 오는 돈으로 살림만 한 전업주부의 경우에도 재산형성에 대한 기여가 인정되므로 남편 명의로 구입한 아파트에 대해서도 절반의 권리를 인정해 준다. 부부의 일방이 이혼 시에 이미 수령한 퇴직금은 물론 이혼 시에 아직 수령하지 않은 퇴직금을 수령할 권리도 분할의 대상이 된다(대판 전합 2014.7.16. 2013므2250). 부부 일방이 혼인 중 제3자에게 부담한 채무는 일상가사에 관한 것 이외에는 그 개인의 채무로서 청산의 대상이 되지 않으나 그것이 주택융자금이나 혼인생활비로 쓰기 위한 차용금과 같이 공동재산의 형성에 수반하여 부담한 채무인 경우에는 개인의 명의로 되어 있더라도 청산의 대상이 된다(대판 1998.2.13. 97므1486). 따라서 부동산에 대한 임대차 보증금 반환채무는 특별한 사정이 없는 한 혼인 중 재산의 형성에 수반한 채무로서 청산의 대상이 된다(대판 1999.6.11. 96므1397). 재산분할청구권과 위자료청구권은 서로 요건과 성격이 다른 별개의 독립한 권리이므로 그 양립이 가능하다. 판례는 쌍방의 협력으로 형성된 공동재산의 청산이라는 성격에 상대방에 대한 부양적 성격이 가미된 제도로 보고 있다.

⑥ 재산 외 변화

민법에 의하면 친권은 부부가 공동으로 행사한다. 이혼의 경우 협의해서 친권자를 지정하되 협의가 되지 아니할 때에는 가정법원이 결정한다. 양육에 관한 사항이 잘 협의되지 않을 경우 가정법원은 직권으로 또는 당사자의 청구에 의해 결정하되 자녀의 복리를 고려한다. 주요한 결정 기준으로는 자녀의 연령, 성별, 재산상황, 자녀의 희망, 적응능력, 정신·육체적 건강 상태, 부 또는 모의 양육 희망이다. 양육의 내용은 곁에 두고 보호하는 일과 분리될 수 없는 일이다. 거소 지정·징계권은 친권자보다 양육권자에 속하고, 수술 동의 및 인도 청구도 양육권자에게 속한다. 재산상 행위 동의권 등 대외적 법률행위의 권한은 친권자가 갖는다. 자녀의 양육자와 관련하여 부모 중 일방을 양육자로 정하는 것이 보통이다. 그러나 부모가 공동양육을 원하고 그에 따르는 능력이 뒷받침되면 이론상 공동양육도 가능하다. 형제를 나누어 양육하는 것은 자녀의 복리를 위해 바람직하지 않다. 양육자의 변경은 가능하나 자녀의 건강한 성장을 위해서는 양육환경이 안정될 필요가 있으므로 불가피한 경우에만 고려되어야 한다. 부모가 자녀를 직접 양육할 수 없는 경우에는 조부모 등 제 3자를 양육자로 정하는 것도 가능하다. 이혼하는 경우 부모 중에서 친권자 및 양육자를 지정함에 있어서는 "미성년자인 자의 성별과 연령, 그에 대한 부모의 애정과 양육의사의 유무는 물론, 양육에 필요한 경제적 능력의 유무, 부 또는 모와 미성년인 자 사이의 친밀도, 미성년인 자의 의사 등의 모든 요소를 종합적으로 고려하여 미성년인 자의 성장과 복지에 가장 도움이 되고 적합한 방향으로 판단"되어야 한다고 판시한 바 있다(대판 2012. 4.13. 2011므4719).

⑦ 양육비 청구

자녀가 하는 부양료 청구는 장래뿐만 아니라 과거분도 포함한다. 양육비 청구는 양육권의 일종 또는 구체적 실현이라고 할 수 있다. 양육비를 주지 않을 경우 의무이행 권고, 과태료 부과 결정, 감치명령 신청을 할 수 있다. 양육비 직접 지급 명령 제도는 양육비를 정기적으로 지급해야 할 의무가 있는 양육비 채무자가 정당한 이유 없이 2회 이상 양육비를 지급하지 않는 경우에 양육비 채권자의 신청에 따라 양육비 채무자의 급여에서 정기적으로 양육비를 공제하여 양육비 채권자에게 직접 지급하도록 하는 제도이다. 가정법원은 양육비를 정기적으로 지급하도록 명하는 경우에 그 이행을 확보하기 위해 직권으로 양육비 채무자에게 상당한 담보의 제공을 명할 수 있다(직권에 의한 담보제공명령). 재산명시·재산조회제도가 있는데 가정법원은 직권 또는 당사자 신청에 의하여 당사자에게 재산 상태를 명시한 재산목록을 제출하도록 명할 수 있다. 또한 재산명시절차를 진행했음에도 당사자가 재산목록의 제출을 거부하거나 제출된 재산목록만으로는 미성년 자녀의 양육비 청구사건의 해결이 어렵다고 인정하는 때에는 당사자 명의의 재산에 관하여 조회를 할 수 있다(가사소송법 제48조의 3).

⑧ 면접교섭권

면접교섭권은 양육권을 침해하지 않는 범위 내에서 직접 만나거나 서신교환·방문·숙박과 같은 접촉을 할 수 있는 권리이다. 부모가 협의해 결정하되 협의가 되지 않을 경우 가정법원이 결정한다. 면접교섭권은 2007년 부모뿐만 아니라 자녀의 권리로 규정하는 방법으로 민법이 개정되었다. 2016년에는 면접교섭권자가 사망하였거나 질병, 외국거주 등 불가피한 사정으로 자녀를 면접교섭하지 못하게 된 경우에 그 자녀의 조부모 등 직계존속이 보충적으로 면접교섭할 수 있는 권리를 인정함으로써 면접교섭권을 확대하였다. 면접교섭권은 절대권이며 일신전속적 권리로서 양도가 불가능하고 이를 포기하기로 하는 합의는 무효이다. 면접교섭권의 행사방법과 범위가 당사자의 협의, 법원의 조정 또는 심판에 의해서 확정된 경우에도 당사자의 거부에 의해 그 실행을 방해받는 경우가 있다. 최근 개정된 가사소송법은 면접교섭권의 이행확보를 위한 근거규정을 마련하였다. 판결·심판·조정조서 또는 조정에 갈음하는 결정에 의하여 금전의 지급 등 재산상의 의무, 유아의 인도의무 또는 자와의 면접교섭 허용의무를 이향하여야 할 자가 정당한 이유 없이 그 의무를 이행하지 아니한 때에는 가정법원은 당사자의 신청에 의하여 일정한 기간 내에 그 의무를 이행할 것을 명할 수 있으며 이에 위반한 경우에는 직권 또는 권리자의 신청에 의하여 결정으로 1,000만원 이하의 과태료에 처할 수 있다(가사소송법 제64조, 제67조 제1항). 이 규정은 면접교섭의 당사자 가운데 양육자가 면접교섭을 방해하는 때에 한정되어 적용된다. 자녀나 비양육친(면접교섭권자)이 면접교섭권을 거부하는 경우에는 이행명령제도가 사용될 수 없다.

6. 사실혼

사실혼은 사실상 혼인관계를 하고 있으면서 법률상의 방식, 즉 혼인신고가 없기 때문에 법률상 혼인으로 인정되지 않는 부부관계를 말한다. 동거는 혼인할 의사 없이 부부 공동생활을 하는 것임에 비해 사실혼은 혼인 신고만 없이 부부로서 공동생활을 하는 관계이다. 사실상의 혼인의사가 존재하면 사실혼이 성립된다. 이 의사는 부부가 되겠다는 실질적 합의가 있으면 충분하다. 동거·부양·협조의무 및 정조의무, 배우자권, 혼인 생활비용, 일상가사대리권, 일상가사채무의 연대책임, 법정재산제, 부부재산계약 등은 사실혼에도 인정된다. 그렇지만 혼인의 효과 중 신고를 전제로 하는 것은 인정되지 않으므로 사실혼으로 친족관계가 발생하지 않으며 상속권이 인정되지 않는다. 한번 결혼한 후 다시 결혼해도 중혼이 되지 않고 친족 관계도 발생하지 않는다. 사실혼관계의 일방 당사자는 상대 당사자로부터 상속을 받지 못하지만 일방 당사자의 부정행위를 이유로 하는 위자료 청구는 가능하다. 미성년자가 사실혼관계를 맺었다고 하여 성년에 달한 것으로 볼 수도 없다. 민법 이외의 법률에서 사실혼 부부를 법률상 부부와 동일하게 다루는 규정이 있는데 근로기준법 시행령에서는 사실상 혼인관계에 있는 자를 배우자에 포함시키고 있으며 공무원연금법·군인연금법·사립학교교원연금법 등에서도 같은 취지의 규정을 두고 있다. 사실혼을 부당하게 파기할 때는 손해배상 책임을 지게 된다. 사실혼관계가 성립되었다고 볼 수 있는 상황이 존재함에도 불구하고 당사자 일방이 혼인신고에 협력하지 않는 경우에는 사실상 혼인관계존재확인의 소를 제기할 수 있는데 이에 앞서 가정법원에 조정을 신청하여야 한다. 존재확인의 재판이 확정되면 원고는 재판 확정일로부터 1개월 이내에 재판서의 등본 및 확정증명서를 첨부하여 혼인신고를 하여야 한다. 통설은 보고적 신고로 보지만 판례는 이를 창설적 신고로 본다.

7. 친생자

1) 혼인 중의 출생자

혼인 중의 출생자란 혼인관계에 있는 부부 사이에서 출생한 子이다. 부모와 자식 사이의 혈연은 모자관계와 부자관계로 이루어진다. 모자관계는 포태와 분만이라는 자연적 사실에 의하여 확정된다. 그러나 부자관계는 현대의학의 발달에도 불구하고 상당한 정도까지 부자관계의 존부를 추측할 수는 있으나 이를 단정하는 정도까지는 이르지 못하고 있다. 따라서 민법은 법률상 부자관계를 빨리 확정하고 부자관계의 존부를 둘러싼 분쟁을 타당하게 처리하기 위해 혼생부자관계에 관해서만 친생을 추정하는 규정을 두고 있다. 구 민법 제844조 제1항은 "처가 혼인 중에 포태한 자(子)는 부(夫)의 자(子)로 추정한다."라고 규정하고 있다. 친생자 추정을 받는 자(子)에 대해서는 친생부인의 소에 의하지 않는 한 그 추정이 번복되지 않는다. 제844조 제2항에서 혼인 후 200일 후, 이혼 후 300일 이내 子도 친생자로 추정했으나 2015년 4월 헌법재판소에서 헌법불합치 결정을 받았다. 헌재 2015.4.30. 결정에 의하면 "오늘날 이혼 및 재혼이 크게 증가하였고 여성의 재혼 금지기간이 2005년 민법 개정으로 이미 삭제되었다. 또한 숙려기간 및 조정 전치주의가 도입됨에 따라 혼인 파탄으로부터 법률상 이혼까지 기간 간격이 크게 증대함에 따라 변화"할 필요가 있다. 이 취지를 반영하여 2017년 민법을 개정하여 혼인관계가 종료된 날부터 300일 이내에 출생한 자녀에 대하여 어머니와 어머니의 전 남편은 친생부인의 청구허가를, 생부는 인지의 허가 청구를 할 수 있도록 하여 친생부인의 소보다 간이한 방법으로 친생추정을 배제할 수 있도록 하였다.

2) 혼인 외의 출생자

① 혼인 외의 출생자의 법적 지위

법률상 혼인관계에 있지 않는 남녀 사이에 출생한 자를 혼인 외의 출생자라고 한다. 예컨대 사실혼관계·무효혼관계·사통관계 등으로부터 출생한 자와 혼인 중의 출생자 중 친생부인의 판결 또는 친생자관계부존재 확인의 소에 의해 그 친생자가 아님이 확정된 자(子)는 혼인 외의 출생자이다. 기아와 같은 특수한 경우를 제외하고는 혼인 외의 자(子)와 모(母)사이의 모자관계는 분만 혹은 해산에 의해 당연히 성립한다 (인지불요설). 즉 혼인 외의 출생자와 생모 사이에는그 생모의 인지나 출생신고를 기다리지 않고 자의 출생으로 당연히 법률상 친족관계가 생긴다. 모자관계와 달리 부자관계는 부(父)의 인지에 의해서만 발생한다. 부(父)에 의해 인지를 받지 못한 혼인 외의 출생자는 법적으로 부(父)가 없는 상태가 된다.

② 인지

인지란 혼인 외에 출생한 자(子)와 그 부 또는 모 사이에 법률상의 친자관계를 형성하는 것을 말한다. 인지에는 임의인지와 재판상 인지가 있다. 임의인지는 혼인 외에 출생한 자를 그 생부 또는 생모가 자기의 자(子)라고 인정하는 행위이고 강제 인지 또는 재판상 인지는 부 또는 모가 임의로 인지하지 않을 경우에 부모의 의사와 관계없이 재판에 의해 강제하는 인지이다.

인지청구의 소는 혼인 외의 출생자와 그 직계비속 또는 법정대리인이 부 또는 모를 상대로 제기할 수 있고 부모 사망 시 2년 이내 검사를 상대로 제기한다. 인지청구의 소를 통해 자녀로 인정받으면 친권·부양·상속에서 친자와 동등한 대우를 받는다.

③ 준정(準正)

준정은 법률상 혼인관계가 없는 부모 사이에 출생한 자(子)가 그 부모의 혼인을 원인으로 하여 혼인 중의 출생자의 신분을 취득하는 것을 말한다. 약혼 중 성관계를 가져 태어난 아이는 혼외자이지만 이들 약혼자가 혼인 시 혼생자로 인정받는다. 인지와는 달리 자녀 출생 시까지 소급하지 아니하고 부모가 혼인한 때로부터 혼외자가 혼생자로 된다.

3) 친생자관계 존부확인의 소

특정인 사이의 법률상 친생자관계 존부의 확인을 구하는 소송이다. 이 소송이 제기될 수 있는 구체적인 경우로는 출생신고가 허위로 이루어진 것이기 때문에 부모와 자 사이에 가족관계등록상의 친생친자 관계가 존재하지 않는 경우, 친생추정을 받지 않는 혼인 중의 자(子)와의 친자관계를 다투는 경우, 친생추정이 미치지 않는 혼인 중의 자(子)와의 친자관계를 다투는 경우 등을 들 수 있다. 친생부인의 소는 남편이 제소시 아내, 아이를 상대로 하고 아내는 남편, 아이를 상대로 제소할 수 있으며 사망하였을 경우 2년 이내 검사를 상대로 하여 소송을 제기할 수 있다.

8. 입양제도

1) 의의

양자는 친생자와는 달리 혈연관계가 없는 자를 법률상 혈연관계가 있는 것으로 의제하여 친자관계를 인정하는 법률상 제도이다. 어버이가 자기의 자가 아니더라도 양육하려고 하는 자연의 욕망을 친적 본능(parental instinct)이라고 한다. 입양제도는 가계 혈통계승에 목적을 둔 가본위에서 자식들 위주의 자(子)본위, 그리고 현재의 완전양자로 발전해 왔다.

2) 양친자 관계의 성립요건

① 실질적 요건

양친자 관계가 성립하기 위해서는 당사자 사이의 합의가 필요하고 양부모는 성년자이어야 한다. 미성년자를 입양하려는 자는 가정법원의 허가가 필요하다. 13세 이상 미성년자는 법정대리인의 동의가 필요하다. 13세 미만의 미성년자의 경우 법정대리인이 그를 갈음하여 입약을 승낙하여야 한다. 이러한 승낙을 입양대락이라 한다(대락입양). 배우자가 있는 사람은 배우자와 공동 입양하여야 하며 양자는 양친의 존속 또는 연장자여서는 아니 된다.

② 형식적 요건

양친자 관계는 신고함으로써 효력이 발생한다. 친생자가 아닌 자(子)에 대하여 한 인지신고는 당연 무효이다. 그렇지만 신고 당시 당사자 사이에 입양의 명백한 의사가 있고 기타 입양의 성립요건이 모두 구비된 경우라면 입양의 효력이 있다는 판례가 있다(대판 1992.10.23. 92다29399).

3) 입양의 무효와 취소

① 입양의 무효
입양합의가 없거나 가정법원 허가 없이 미성년자를 입양한 경우, 13세 미만 미성년자에 대해 법정대리인의 입양 승낙이 없을 때, 존속 연장자 입양은 무효이다. 입양이 무효인 경우 입양에 의한 친족관계는 처음부터 발생하지 않았던 것으로 된다.

② 입양의 취소
미성년자가 입양한 경우 법정대리인의 동의 없이 입양한 경우 입양은 취소할 수 있다. 입양취소의 효력은 입양 성립일에 소급하지 아니한다(불소급효). 입양으로 인하여 발생한 친족관계는 취소로 인해 소멸한다. 입양이 취소된 경우 당사자는 과실 있는 상대방에 대해 재산상·정신상의 손해배상을 청구할 수 있다.

4) 입양의 효과

입양으로 인해 법정 혈족관계가 발생하는데 입양 신고일 부터 혼인중 출생자와 동일하게 대우한다. 부양·상속·친권이 발생하고 친생부모의 친권은 소멸하게 된다. 입양으로 인해 생가 친족과의 관계는 아무런 영향이 없으므로 친생부모의 상속을 받고 부양의무를 가진다. 이성양자의 성은 변하지 않지만, 자의 복리를 위해 필요한 경우 변경할 수 있다.

5) 파양

① 의의
입양을 해소하는 것이 파양이며 양친자 관계는 파양에 의해서만 해소되고 입양당사자의 사망만으로는 해소되지 않는다. 왜냐하면 입양에 의하여 양자와 양친 및 양친의 친족과도 친족관계가 발생하기 때문이다.

② 협의상 파양

양친자가 협의에 의하여 파양하는 것을 말한다. 협의상 파양은 계약이며 요식행위로서 의사가 합치하고 신고해야 효력이 발생한다.

③ 재판상 파양

재판상 파양은 양자가 양부모를 학대·유기하거나 복리를 저해한 경우, 부당한 대우를 한 경우, 생사가 3년 이상 분명하지 않거나, 양친 관계를 계속하기 어려운 중대한 사유가 있는 경우 가정법원의 판결로 성립한다. 제 3자가 파양의 소송을 제기하는 것은 불가능하다.

6) 친양자 제도

친양자 제도는 일본의 특별 양자 제도를 검토하여 도입한 제도로서 실친과의 법률상 관계를 단절시키는 양자제도이다. 일본의 특별양자는 양자제도를 아동복지 정책의 일환으로 활용하고 있는 선진 각국의 양자법의 중심을 이루고 있다. 친양자로 입양하기 위한 실질적 요건으로서 3년 이상 혼인 중 부부로서 공동 입양할 것, 친양자로 될 사람이 미성년자일 것, 친양자로 될 사람의 친생부모가 친양자 입양에 동의할 것, 친양자가 될 사람이 13세 이상인 경우에는 법정대리인의 동의를 받아 입양을 승낙할 것, 친양자가 될 사람이 13세 미만인 경우에는 법정대리인이 그를 갈음하여 입양을 승낙할 것 등이다. 친양자 입양이 되면 혼인 중 출생자로 간주되고 입양 전 친족관계는 종료되는데 소급효는 인정되지 않는다. 친양자로 될 자의 친생의 아버지 또는 어머니는 자신에게 책임 없는 사유로 인하여 친양자 입양에 동의할 수 없었던 경우에 친양자 입양의 사실을 안 날로부터 6개월 안에 가정법원에 친양자 입양의 취소를 구할 수 있다(제908조의 4 제1항). 취소청구가 있는 경우 가정법원은 취소사유가 있더라도 친양자로 될 사람의 복리를 위하여 그 양육 상황, 친양자 입양의 동기, 양부모의 양육능력, 그 밖의 사정을 고려하여 친양자 입양의 취소가 적당하지 않다고 인정되는 때에는 취소청구를 기각할 수 있다. 원칙적으로 친양자 파양은 친양자 제도의 입법취지와는 어울리지 않는다고 보아야 할 것이다. 파양은 아주 제한적으로 인정되는데 양친이 친양자를 학대·유기하거나 친양자의 양부에 대한 폐륜행위가 있을 경우 파양의 소를 제기할 수 있다. 친양자 입양이 취소되거나 파양된 때에는 친양자 관계는 소멸하고 입양 전의 친족관계는 부활한다(제908조의 7 제1항). 따라서 친생부모가 자의 친권자가 되고 자의 성도 친생부모를 따라 다시 변경된다. 이 경우 친양자 입양의 취소의 효력은 소급하지 아니한다.

9. 친권

1) 의의

친권은 친자관계법의 가장 중심을 이루고 있다. 친권은 부모가 미성숙 자녀를 보호·교양할 권리이자 의무이다. 친권을 행사함에 있어서는 자의 복리를 우선 고려해야 되는데 친권의 성격에 대한 학설로는 단순지배권, 사법상 의무라는 설, 사회 국가에 대한 의무설, 자녀와 사회에 대한 의무설, 자녀의 권리실현의 수단이라는 학설 등이 있다. 독일법에는 부모의 권리제한 요건에 무과실 책임을 도입하고 있다. 친권이 자를 위한 의무임을 좀 더 명문으로 강조할 필요성이 대두되어 2005년 3월 민법개정에 의해 친권행사의 기준으로 "친권을 행사함에 있어서는 자의 복리를 우선으로 고려하여야 한다"(제912조)는 규정을 신설하였다. 친권은 부모가 공동 행사하는 것이 원칙이지만, 의견이 일치하지 않을 경우 당사자의 청구에 의해 가정법원이 정한다. 부모 중 일방이 친권행사를 하지 못할 때 타방이 단독 행사한다. 이혼할 경우에는 부모가 협의로 정하고 협의가 되지 않을 때 가정법원이 결정한다.

2) 친권의 효력

① 자의 신분에 관한 권리·의무
자녀에 대한 보호·교육의 권리·의무를 지며 비용은 공동으로 부담

한다. 자녀에 대한 거소 지정권, 영업 허락권, 징계권 등을 갖는데 사회 통념을 넘는 징계는 친권 남용이 된다. 그 밖에 자의 인도청구권, 신분상 행위의 대리권과 동의권이 포함된다.

② 자의 재산에 관한 권리·의무

부모는 자녀의 재산관리권을 갖는다. 채권 추심은 가능하지만 임금의 대리 수령은 불가능하다. 친권자는 법정대리인으로서 미성년인 子의 재산에 관한 법률행위에 대하여 대리한다. '재산에 관한 법률행위'란 현재 그 자(子)에 대하여 하는 법률행위뿐만 아니라 상속의 승인·포기 등 널리 자(子)의 재산에 영향을 미치는 재산상의 법률행위를 포함한다. 친권자가 그 자에 대한 법률행위의 대리권을 행사함에는 자기의 재산에 관한 행위와 동일한 주의를 하여야 한다. 친권자의 대리행위가 자(子)의 행위를 목적으로 하는 채무를 부담할 경우에는 본인인 자(子)의 동의를 얻어야 한다. 친권자는 미성년자의 재산상 행위에 대하여 동의권을 갖고 미성년자에게 특정한 영업에 대하여 허락권을 갖는다. 이해상반행위에 관해서는 친권이 제한되는 바 법원에 특별대리인의 선임을 청구할 수 있다. 이해상반행위란 친권자를 위해서는 이익이 되고 미성년자를 위해서는 불이익한 행위 또는 친권에 따르는 子의 일방을 위해서는 이익이 되고 다른 일방을 위해서는 불이익한 행위를 말한다. 친권자가 자기의 영업자금을 마련하기 위해 미성년자인 자를 대리하여 그 소유 부동산을 담보로 제공하여 저당권을 설정한 행위는 이해 상반된 행위에 포함된다는 판례가 있다.

3) 친권의 소멸

① 친권의 소멸 원인

친권이 절대적으로 소멸되는 경우는 자의 사망, 성년, 혼인이다. 상대적으로 소멸되는 경우는 친권자의 사망, 자의 입양 또는 파양, 부모가 이혼한 후 부모 중 일방만 친권자가 된 때, 친권자가 변경된 때 등이다.

② 친권상실

자의 이익을 해할 경우 친권을 박탈하는 경우로서, 구체적·개별적 검토가 필요하다. 친권상실의 원인은 부 또는 모가 친권을 남용하여 자녀의 복리를 현저히 해치거나 해칠 우려가 있는 경우이다(제924조 제1항). 즉 친권의 남용과 그로 인한 자녀의 복리침해라는 두 가지 요건이 충족되어야 친권상실 선고를 할 수 있다. 부모의 방탕, 상습 도박, 과부인 모의 사통 등이 그 예가 될 수 있는데 1993년 대법원은 부정행위만으로는 친권상실이 되지 않는다고 판결했다. 종래에는 친권상실 제도만 있었지만 개정민법은 친권상실, 친권정지, 친권제한의 경우로 나누고 있다. 민법의 친권상실 원인과 관련하여 아동복지법과의 관계가 문제이다. 아동복지법 제18조는 "가정법원은 아동의 친권자가 그 친권을 남용하거나 현저한 비행이나 아동학대, 그밖에 친권을 행사할 수 없는 중대한 사유가 있는 경우에 친권상실 선고를 할 수 있다"라고 규정하고 있다. 2014년 민법 개정에 의해 친권상실 규정이 개정되었지만 아동복지법에 의해 구민법과 같은 사유로 친권상실을 청구할 수 있다. 따라서 민법개정으로 본질적으로 달라진 것은 없다. 친권의 일시정지 선고 시 친권상실과 함께 후견인을 선임하게 된다. 친권은 2년 이내 범위 내에서 정지할 수 있고, 특정행위에 대해서 친권을 제한하고 특별대리인으로 하여금 대행하게 하는 친권제한도 있다.

10. 후견

1) 후견의 의의

후견이란 친권자가 없거나 그 밖의 사유로 친권에 의한 보호를 받지 못하는 미성년자·피성년후견인·피한정후견인 등을 보호하기 위해 마련된 제도이다. 우리 사회는 역사적으로 후견의 전통이 없기 때문에 후견은 우리 문화에서 다소 생소하였다. 그렇지만 질병, 노령, 장애 등 후견을 필요로 하거나 그 가족으로서 후견을 해야 할 부담을 지게 되는 경우는 항상 있어 왔다. 우리 사회는 이들을 효도나 자녀에 대한 책임,

가족에 대한 희생 등으로 이해해 왔고, 이것이 전통적인 가족공동체 내에서 후견을 대신하는 역할을 해왔다.

구 민법은 후견이 필요한 사람들을 행위무능력자로 규정하고, 이들에 대한 금치산 또는 한정치산선고를 하여 법적인 무능력자로 만든 다음, 혈연관계에 따라 누가 후견인이 될지를 법으로 정했다. 또한 이들이 모든 권한을 행사할 수 있도록 만들었고, 후견인에 대한 권한 통제는 친족회에 의하도록 규정하였다. 따라서 가족 안에서 피후견인에 대한 모든 권한과 책임이 떠맡겨지고 가족 외부에서 이를 관여할 수 없었다. 여기에는 치매노인이나 장애인에 대한 책임은 가족 내부의 문제라는 인식이 바탕이 되어 있었던 것이다. 그럼에도 불구하고 부모와 가족을 봉양해야 한다는 전통적인 효와 가족사상이 이 제도를 지탱할 수 있는 힘이 되었다.

또한 구 민법의 금치산, 한정치산제도는 정신능력이 부족한 사람 그 자신이 제도의 주체가 되지 못하고 주로 그 가족들을 위한 제도로 기능하였다. 가족 중에 누군가에게 정신적인 문제가 있다면 본인보다 그 주변의 가족이 더 큰 고통을 겪을 수도 있는 것이므로 그러한 접근방식이 전혀 이유가 없는 것은 아니다. 그렇지만 후견제도는 후견을 받는 사람을 위한 제도이므로, 이러한 접근방식이 후견제도의 발전을 가로막는 요소였다. 금치산·한정치산 제도가 수십 년간 별다른 문제제기 없이 유지될 수 있었던 것은 첫째, 가족에 대하여 금치산, 한정치산의 낙인을 찍는 것은 수치라는 생각으로 인해 금치산, 한정치산 청구가 많이 이루어지지 않았다. 둘째, 부모가 재산을 자녀들에게 일찍 물려주거나 가산이라는 개념에 의해 재산관리를 장성한 자녀들 특히 장남에게 맡기도록 하여 치매노인의 재산관리 등에 관한 분쟁이 많이 발생할 여지가 적었다. 셋째, 의료기술 등의 미비로 노인 수명이 지금처럼 많이 연장되지 않아 치매인구가 그리 많지 않았다. 넷째 전통적인 가족공동체와 지역공동체가 유지되고 있는 동안에는 다른 가족 구성원과 이웃에 의한 감시와 감독이 이루어질 수 있었다는 점 등이 그 이유라고 하겠다.

우리 사회는 수 십 년간 급격한 변화를 겪어 왔고 지금도 놀랄 만큼 빠른 속도로 변화하고 있다. 과거 금치산·한정치산 제도가 불완전함에도 불구하고 그런대로 유지될 수 있었던 것은 그 만큼의 사회, 문화적인 이유가 있었기 때문이다. 그러나 급격한 사회 변화와 전통사회의 붕괴로 인해 이제는 더 이상 유지될 수 없는 상태가 되었다. 가장 중요한 변화는 노령인구의 증가이다. 의학의 발달로 평균수명이 연장되고 노령인구가 급격히 증가하였는데 노령인구의 증가로 치매 등 정신적 제약을 가질 위험성 또한 그만큼 많아졌다. 이에 비해 결혼과 출산의 감소로 이를 부양해 줄 젊은 가족들이 전체 인구에서 차지하는 비중은 점점 감소하고 있다. 이는 노인들이 더 이상 가족에게 의지할 수 없고 스스로 자신의 노년을 책임져야 한다는 것을 의미한다. 이러한 변화와 함께 고령자들은 자신의 여생을 스스로 돌보기 위해 자녀들에게 재산을 물려주지 않고 끝까지 보유하고 있으려는 경향을 띠게 되었다. 그러나 한편으로는 재산을 보유하고 있는 상태에서 치매 등 정신적 제약이 오게 된다면 스스로 이를 유지·관리할 수 없게 되는 위험성이 증가하게 된다.

다른 중요한 변화로서 장애인의 권리의식이 향상되었다. 발달장애나 지적장애인도 인간다운 생활을 할 수 있게 하여야 한다는 의식이 사회 전반으로 확대되었다. 특히 발달장애 등 지적장애인을 자녀로 둔 부모들은 자신의 여력이 다하여 더 이상 자녀를 돌볼 수 없게 되거나 사후에 자녀들이 어떻게 주위로부터 적절한 도움을 받으며 인간다운 생활을 할 수 있을까 하는 데 대해 많은 걱정을 하고 있다. 성년후견제도가 도입된 배경에는 이러한 지적장애인을 자녀로 둔 부모들의 헌신적인 노력이 뒷받침되어 있다. 이와 더불어 전통적인 대가족 제도의 붕괴로 친족회가 더 이상의 역할을 할 수 없게 된 점, 급격한 도시화로 전통적인 지역 생활공동체가 유지될 수 없게 된 점 등을 들 수 있다.

2) 성년후견제도의 이념

성년후견제도는 기존의 무능력자제도와는 구별되는 새로운 이념을 담고 있다. 가장 중요한 것은 후견인을 위한 후견이 아니라 후견을 받는 본인을 위한 후견이 이루어져야 한다는 것이다. 성년후견제도의 기본 이념은 '본인의 의사와 잔존능력의 존중'이라고 할 수 있다. 그러므로 본인의 의사에 부합하고 본인이 원하는 후견이 이루어져야 한다. 또한 후견은 본인의 부족한 부분을 채워주는 방식으로 이루어져야 한다. 본인이 혼자 할 수 있는 부분은 본인이 스스로 할 수 있도록 지원해야 한다. 그리고 본인의 의사 존중과 본인의 잔존능력의 존중은 이를 통해 본인이 최대한도에서 정상적인 사회 구성원으로서 활동할 수 있도록 하기 위함이다. 이러한 이념에 의한 후견제도는 필요성, 보충성의 원칙으로 설명된다. '필요성의 원칙'이란 피후견인의 필요에 의하여 후견이 이루어져야 하고, 피후견인이 필요로 하는 이상으로 후견인이 관여해서는 안 되며, 본인 필요가 아닌 가족, 주변사람들의 필요에 의해 후견이 이용되어서는 안 된다는 것을 뜻한다. '보충성의 원칙'은 본인이 스스로 위임이나 후견계약 등을 통해 본래 목적을 달성할 수 있다면 이에 의해야 하고, 그렇지 못한 경우 비로소 법정후견이 개시될 수 있다는 것을 뜻한다. 더불어 현대의 후견제도를 설명하는 원칙으로 '정상화(normalization)의 원칙'이 있다. 이는 지적장애인이나 고령자를 시설에 격리하기보다는 가급적 사회공동체내에서 정상적인 삶을 영위할 수 있도록 하자는 것을 의미한다. 결국, 이러한 성년후견의 이념과 원칙은 결국 본인을 위해 꼭 필요한 최소한의 범위에서 후견이 이루어지고 그 후견의 내용은 본인이 정상적인 삶을 영위하는 데 맞추어져야 한다는 것이다.

3) 성년후견제도의 입법 및 시행과정

① 민법 개정과정

우리나라는 2008년 국제연합 '장애인권리협약'을 비순하였고 효력이 발생하였다. 장애인 권리협약은 장애인이 권리박탈의 대상이 아니라 권리보호를 받는 주체가 되어야 하고 이들의 인권이 존중되어야 한다는 것을 선언하였다. 우리나라는 일본이 2000년 성년후견제도를 도입한 것을 계기로 하여 장애우 인권문제연구소 등에서 이를 관심 있게 지켜보며 연구를 시작하였다. 2004년 17개의 장애인 단체와 노인단체 등이 주축이 되어 성년후견추진연대가 발족하였지만 법을 제정하지는 못하였다. 그러나 그 후 장애인단체에서 17대 대통령선거 당시 각 정당 대선

후보자들에게 성년후견제도의 도입을 요구하여 공약에 반영하도록 요구하였다. 이후 법무부에서 민법개정위원회를 출범시켜 2009년 9월 성년후견제도의 도입을 골자로 하는 민법 개정안을 입법예고하였다. 국회 법제사법위원회의 논의를 거쳐 2011년 2월 18일 국회 본회의를 통과하였고 2013년 7월 1일부터 개정 민법이 시행되었다.

② 가사소송법 및 가사소송규칙 개정과정
　성년후견제도가 민법에 규정되어 입법 예고된 후 절차법인 가사소송법 개정작업을 법무부에서 진행하였다. 그렇지만 시행시기가 얼마 남지 않은 관계로 충분한 검토 및 토의작업이 이루어지기에는 매우 촉박하였다. 대법원은 2011년 성년후견제도준비 태스크 포스팀을 구성하였다. 이 팀은 입법예고한 개정민법에 관한 해설 작업과 해외의 성년후견제도연구, 개정작업이 진행 중인 가사소송법에 대한 검토 및 의견개진, 그리고 후속으로 이루어져야 할 가사소송규칙 개정작업을 한꺼번에 진행하였다. 이와 더불어 개정민법이 후견등기제도를 규정하고 있었기 때문에 대법원에서는 후견등기법, 후견등기법시행규칙을 마련함과 동시에 후견등기 전산화작업도 함께 진행하였다. 성년후견준비 작업과 후견등기 준비 작업은 다른 팀에서 관장하였지만 유기적으로 서로 협조하였다. 이러한 시간적으로 촉박하고 열악한 환경 속에서도 나름대로 최선을 다하여 준비 작업을 마쳤다.

③ 관련 기관의 준비과정
　장애인을 담당하고 있는 보건복지부 장애인 복지과에서는 발달장애인을 위한 성년후견지원사업이 진행되었는데, 발달장애인 성년후견지원사업은 발달장애인을 위한 공공후견인을 교육하고, 양성하며, 후견사업을 경제적으로 지원하는 것을 내용으로 하였다. 성년후견제도의 시행을 앞두고 대한변호사협회, 대한법무사협회, 세무사협회, 사회복지사협회에서는 각각의 해당 직역 전문가들을 교육하여 전문가후견인을 양성하고, 후견인으로서의 역할과 협회에서의 지원사업 등을 준비하여 왔고, 성년후견제도 시행에 즈음하여 기관별로 후견인양성 교육을 실시하였다.

4) 미성년후견

① 후견의 개시원인
　미성년 후견은 친권자가 없을 때, 친권자가 대리권·재산관리권을 행사하지 못할 때 개시되며 후견인 취임 후 1개월 이내에 해야 한다.

② 후견인 수와 자격
　후견인 수는 1인이며 순위는 부모가 유언으로 지정하는 지정후견인, 가정법원이 직권 또는 미성년자, 친족, 이해관계인, 검사, 지방자치단체장의 청구로 선임하는 선임후견인 순이다.

③ 미성년후견인의 임무
　미성년후견인의 임무로서 재산조사와 목록 작성이 있고 신상·신분에 관한 권한을 갖는다. 보호·교양, 거소 지정, 징계에서 친권자와 동일 권리·의무를 갖는다. 신분행위의 대리권·동의권을 갖고 미성년자의 자녀에 대해 미성년자를 갈음해 친권을 대행한다. 재산에 관한 권한으로서 재산관리권, 대리권, 동의권을 가지며 후견감독인의 동의를 얻어 영업에 관한 행위, 금전 대차, 의무 부담행위 등을 담당한다.

④ 후견감독인
　후견감독인은 친족회 폐지 후 둔 제도로서 후견감독인은 언제든지 후견인에게 그의 임무 수행에 관한 보고와 재산목록의 제출을 요구할 수 있고 피후견인의 재산상황을 조사할 수 있다. 가정법원이 사안에 따라 선임하는데 여러 명을 두거나 법인도 가능하다.

⑤ 후견의 종료
　후견의 절대적 종료는 미성년자의 성년 도달, 혼인에 의한 성년의제 등 후견의 필요성이 없어져 후견 그 자체가 소멸해 버리는 것이다. 상대적 종료는 후견 그 자체는 종료하지 않으나 지금까지의 후견인이 후견관계에서 이탈하는 것으로 후견인의 사망, 후견인의 사임·해임 또는 결격 사유의 발생 등으로 당해 후견인이 후견 업무에서 물러나는 것이다. 후견이 종료되면 종료 후 1월내 청산하여야 한다.

5) 성년후견

① **후견의 개시원인**
   성년 후견은 질병, 장애, 노령 그 밖의 사유로 인한 정신적 제약으로 사무를 처리할 능력이 지속적으로 결여된 사람을 대상으로 하며 가정법원의 성년후견 개시심판이 있는 경우에는 그 심판을 받은 사람의 성년후견인을 두어야 한다. 일시적으로 의사결정능력이 회복되었다 하더라도 전반적으로 의사무능력상태에 있다면 성년후견의 대상이 된다.

② **후견인 수와 자격**
   피성년후견인의 신상과 재산에 관한 모든 사정을 고려하여 여러 명을 둘 수 있고 법인도 성년후견인이 될 수 있다.

③ **성년후견인의 임무**
   재산조사와 목록 작성의무가 있고 피성년후견인의 복리와 의사존중, 신상결정 등의 임무를 갖는다. 재산에 관한 권한으로서 재산관리권, 대리권, 동의권을 가지며 후견감독인의 동의를 얻어 영업에 관한 행위, 금전 대차, 의무 부담행위 등을 담당한다.

④ **후견감독인**
   후견감독인은 언제든지 성년후견인에게 그의 임무 수행에 관한 보고와 재산목록의 제출을 요구할 수 있고 피성년후견인의 재산상황을 조사할 수 있다. 가정법원이 사안에 따라 선임하는데 여러 명을 두는 것이나 법인을 두는 것이 가능하다.

⑤ **후견의 종료**
   절대적 종료 사유는 성년후견·한정후견 개시심판이 취소되는 경우이고 상대적 종료 사유는 후견인의 사망, 후견인의 사임·해임 또는 결격 사유의 발생 등으로 당해 후견인이 후견 업무에서 물러나는 것이다.

후견이 종료되면 종료 후 1월내 청산하여야 한다.

6) 한정후견

한정후견은 질병, 장애, 노령 그 밖의 사유로 인한 정신적 제약으로 사무를 처리할 능력이 부족한 사람을 대상으로 하며 가정법원의 한정후견 개시심판이 있는 경우에는 그 심판을 받은 사람의 한정후견인을 두어야 한다. 이 때 사무를 처리할 능력의 부족이란 성년후견의 이용자보다 경미한 정신적 제약의 상태를 의미한다.

7) 특정후견

특정후견은 질병, 장애, 노령 그 밖의 사유로 인한 정신적 제약으로 일시적 후원 또는 특정 사무에 관한 후원이 필요한 사람을 위해 특정후견을 청구할 수 있다.

8) 후견계약

자신의 재산관리 및 신상보호에 관한 사무의 전부 또는 일부를 타인에 위탁하고 그에 대한 대리권을 수여하는 후견계약을 체결할 수 있다. 후견계약은 공정증서로 체결하는 요식행위로서 임의 후견감독인의 선임 시에 효력이 발생한다. 가정법원에 정기 보고하여야 하고 가정법원은 후견계약에 관한 감독권을 갖는다.

11. 부양

1) 부양제도의 의의

일정한 범위의 가족과 친족은 생활공동체를 구성하여 상호 부조할 의무와 권리를 갖는데 이를 부양제도라 한다. 부양은 가족 내부의 자체

책임이 우선이다. 헌법 제34조는 인간다운 생활을 할 권리를 규정하고 있지만 국민기초생활보장법에는 사적 부양 우선의 원칙, 사회보장의 보충성을 규정하고 있다.

2) 부양청구권

부양의 의무는 부양을 받을 자가 자기의 자력 또는 근로에 의하여 생활을 유지할 수 없어야 한다. 부양의무자는 자기의 생활을 꾸려나갈 자력은 물론이고 요부양자의 생활을 도와 줄 경제적 능력을 갖추어야 한다. 부양받을 권리는 일신 전속적 권리로서 양도·포기가 불가능하고 압류할 수 없다.

3) 부양의 당사자

부양의무는 친족인 직계 혈족 및 그 배우자 사이 기타 생계를 같이 하는 친족에 한한다. 별거 중인 부부 사이에도 원칙적으로 부양청구권이 인정된다. 이혼 후 전 배우자에 대한 부양의무는 현행법상 인정되지 않는다. 생계를 같이 하지 않는 경우에 형제자매는 서로 부양할 의무가 없다. 부양의무자가 자기의 사회적 지위에 적합한 생활정도를 낮추지 않고 부양할 수 있을 만한 여유가 있을 때에 부양의무가 생긴다,

4) 부양의 정도·방법과 그 변경·취소

부양 의무자의 순위는 협정으로 정하고 협의가 되지 않을 경우에는 당사자의 청구에 의해 법원이 순위를 정하는데 생활정도와 부양의무자의 자력 기타 제반 사정을 참작하여 결정한다. 대법원은 1979년 자녀의 혼인비용을 부모가 부담하는 것은 인륜의 자연일 뿐 이를 부모에게 법적으로 청구할 수 없다고 판결하였다. 부양의 순위·정도 또는 방법에 대해 한번 결정된 사항이라도 사정변경이 있을 경우 변경될 수 있다.

5) 부양료의 구상청구

과거의 부양료도 청구할 수 있다. 이미 부양료를 청구하기 전에 부양을 필요로 하는 상태에 있었으므로 부양 의무자에게 부양할 요건이 발생한 때부터 부양의무가 생긴다. 부양의무가 없는 제3자가 부양을 필요로 하는 자에 대하여 부양을 한 경우에는 법률상 의무 없이 부양의무자의 사무를 대신 처리해 준 것이므로 사무관리가 성립하여 의무자에게 구상할 수 있다.

12. 가족관계등록제도

가족관계등록제도는 친족법상의 지위가 타인에게 미치는 영향을 고려해 친족관계를 확실하게 공적으로 기록하고 공시하게 하기 위해 도입되었다.

1) 등록의 신고

출생, 혼인, 입양 등의 신고는 신고사건 본인의 등록기준지 또는 신고인의 주소지나 현재지에서 할 수 있다. 신고는 서면이나 말로 한다. 혼인신고와 같이 증인을 필요로 하는 사건의 신고에 있어서 증인은 신고서에 주민등록번호와 주소를 기재하고 서명하거나 기명날인하여야 한다.

2) 증명서의 교부

본인 또는 배우자, 직계혈족, 형제자매는 등록부 등의 기록사항에 대하여 발급할 수 있는 증명서의 교부를 청구할 수 있다. 인터넷을 이용해서도 증명서를 발급받을 수 있는데 이 경우 본인 또는 배우자, 부모, 자녀만 신청할 수 있다.

3) 증명서의 정정

공무원의 단순한 과오나 오기에 의한 기록은 일정 요건이 충족될 경우 시·읍·면장이 직권에 의해 정정을 한다. 확정판결로 인해 등록부를 정정하여야 할 때에는 소를 제기한 사람은 판결 확정일로부터 1개월 이내에 그 등본을 첨부해 등록부의 정정을 신청하여야 한다.

13. 상속

1) 상속의 의의

상속은 피상속인의 사망에 의하여 상속인이 피상속인에 속하였던 모든 재산상 지위 또는 권리의무를 포괄적으로 승계하는 것을 말한다.
수의에는 주머니가 없다. 살아 있을 때 모은 재산이 아무리 아까워도 죽을 때 가지고 갈 수 없고 저승길에는 노잣돈이 필요 없다는 뜻일 것이다. 상속에 대해 사회주의자들은 인간을 출발선상에서부터 불평등하게 만들므로 사회계층간 위화감을 조성하고 사회정의에 위반한다고 본다. 개인의 활동능력에 따른 소유의 불평등은 참아도 조상으로 인한 소유의 불평등은 참을 수 없다고 생각한다. 그렇지만 자본주의 체제하에서는 자신이 모은 재산을 죽을 때 자유롭게 처분하는 상속의 자유는 보장된다. 상속을 인정하는 근거는 유족의 생활 보장, 상속인의 잠재적 지분에 대한 청산과 거래 안전의 보장 등이다.

2) 상속법의 특징

호주승계를 폐지하여 재산상속만을 인정하고 그 재산상속도 사후상속만을 인정함으로써 상속개시원인을 일원화시켰다. 유언에 의한 상속과 법정상속을 다 같이 인정하고 법정상속은 유언이 없을 경우에만 2

차적으로 적용된다. 법정상속은 균분공동상속을 원칙으로 하나 배우자의 상속분은 다른 공동상속인의 상속분에 5할을 가산한다. 상속의 포기를 허용하는 임의 상속제도를 체택하고 있고 무제한적인 유언제도의 폐해를 막기 위해 유류분제도를 두고 있다.

3) 상속의 개시

상속은 자연인의 사망에 의해서만 발생한다. 실종선고를 받은 자는 실종기간 만료된 시점에서 사망한 것으로 간주되는데 실종기간은 보통실종은 5년, 특별실종은 1년이다. 사망 시기에 대해서 맥박 정지설, 호흡 정지설, 뇌사설이 있으나 맥박 정지설이 통설이다.

2인 이상이 동일 위난으로 사망한 경우, 동시사망으로 추정되는 사람들 사이에서는 상속이 이루어질 수 없다. 판례는 이 경우에 대습상속만 인정한다.

4) 상속의 순위

① 상속의 순위

상속순위는 민법에 의하면 1순위는 직계비속이다. 태아는 상속순위에 관하여는 이미 출생한 것으로 본다. 직계비속이 여러 명 있는 경우 촌수가 같으면 순위가 같고 다르면 촌수가 가까운 쪽이 우선이다.

2순위는 직계존속이고 3순위는 형제자매이며 4순위는 4촌 이내 방계혈족이다. 이 경우에도 4촌 이내 방계혈족이 여러 명 있으면 촌수가 가까운 쪽이 우선이다. 배우자는 언제나 상속인이 되며 피상속인의 직계비속이나 존속이 없을 때 단독으로 상속한다. 상속액은 배우자는 1.5를 상속하고 나머지는 동등하게 상속한다. 상속인이 없는 경우 특별연고자가 상속하고 특별연고자도 없을 경우 국가에 귀속한다. 특별연고자는 피상속인과 생계를 같이 했거나 장기간 피상속인을 요양하거나 간호해 온 사람, 사실혼 관계인 배우자, 입양신고만 없는 사실상 양자, 동거 친척, 요양소나 양로원 등이다.

> **[이혼한 부모의 자식에 대한 상속권도 인정된다]**
> 천안함 침몰사건으로 전사한 신 모 상사의 친모는 두 살 때 이혼 뒤 연락을 끊고 지내다 유족에 지급하는 군인 사망보상금의 절반인 1억원을 몰래 찾아갔다.
> 경주 마우나 오션리조트 체육관 붕괴사고의 희생자 윤모 양의 친모 김 모씨는 윤모양이 어렸을 때 집을 나간 후 연락이 없었는데 언론보도를 통해 윤모양의 비보를 접하고 나타나 사망보상금 5억9천만원의 절반인 2억95백만원을 요구하였다. 이러한 일 들은 도덕적으로는 비난받을 수 있지만 법적으로는 아무런 문제가 되지 않는 권리 주장이다.

② 대습상속

대습상속은 상속인이 피상속인보다 먼저 사망하였거나 상속인이 패륜행위를 한 경우 상속인의 배우자나 직계비속이 대신 상속을 받는 것을 말한다. 직계비속은 피대습자가 사망하거나 결격자가 될 당시에 존재할 필요가 없으므로 태아도 대습상속권을 갖는다. 피대습자의 배우자에는 처는 물론 夫도 포함된다. 그러나 피상속인이 사망하기 전에 재혼한 배우자는 그 상속개시 시에 피대습자의 배우자가 아니므로 대습상속을 받을 수 없다. 대습자가 상속결격자인 경우에는 대습상속권이 없다. 피상속인의 子에 대습원인이 있으면 孫이 대습상속인이 되고 孫에 대해서도 대습 원인이 발생하면 孫의 子, 즉 증손이 대습 상속인이 된다.

③ 상속인의 자격

상속능력이란 상속인이 될 수 있는 자격을 말한다. 권리능력이 있는 자는 모두 상속능력이 인정되나 법인은 권리능력이 있어도 상속능력이 없다. 그렇지만 법인이 포괄적 수증을 받을 수 있으므로 실질적으로는 상속인과 동일한 지위가 될 수 있다.

상속결격은 피상속인에 대한 신체적 가해행위, 사기 강박, 유언서 위조·변조·파기 등 유언에 대한 부정행위가 있을 때 상속자격을 박탈하는 것을 말한다. 결격 사유가 발생하면 당연히 특정의 상속인은 상속할 자격을 잃는다. 대법원의 1992년 판결에 의하면 불법행위로 사망한 피해자의 처가 夫의 사망 당시 포태 중이었다가 낙태를 하였다면 상속의 동순위자인 태아를 살해한 경우로서 상속으로 이익을 받을 의사가 없었다고 해도 상속결격자이다(대판 1992.5.22. 92다2127). 결격 효과는 결격자 일신에 국한되므로 결격자의 직계비속이나 배우자가 대습상속한다.

[불륜 며느리가 아들 유산을 상속할 수 있는가?]

A의 며느리 B는 무단가출하여 다른 남자와 1년 이상 동거하고 있던 중 이를 비관한 A의 아들 C는 매일 술만 마시다 자살했다. 그런데 가출한 며느리 B가 아들의 유산인 주택에 대해 자기와 미성년자인 손자가 상속권자라고 주장하면서 팔겠다고 한다. 이 경우 파렴치한 행위를 한 며느리 B에게는 법적 상속권이 있다고 하는데 A에게는 상속권이 없는가?
피상속인이 유언을 남기지 않고 사망한 경우 그의 배우자는 직계비속이 있는 경우에는 그 직계비속과 동순위로, 직계비속이 없는 경우에는 직계존속과 동 순위로 공동상속인이 된다. 따라서 A는 상속인이 되지 못한다. 민법 제1004조는 상속인이 결격사유가 있을 때 상속권을 박탈한다고 규정하고 있다. B가 이혼을 하지 않은 이상 가출 및 다른 남자와의 불륜행위만으로는 결격사유에 해당하지 않는다. A로서는 분통이 터질 노릇이나 어쩔 수 없다. 결론적으로 아들의 유산인 주택은 며느리 B와 손자가 공동상속하며 상속분은 1.5:1이다. 다만 며느리의 소행으로 볼 때 손자의 보육 및 재산관리에 문제가 있다고 생각한다면 며느리의 그동안 비행사실을 주장·증명하여 손자에 대한 며느리의 친권 상실이나 법률행위의 대리권과 재산관리권의 상실을 법원에 청구할 수 있다.

5) 한정승인과 상속 포기

단순승인은 피상속인의 권리의무를 제한 또는 조건 없이 승계하는 것을 승인하는 재산상속인의 의사표시로서 이 경우 빚도 상속된다. 이를 피하기 위해 피상속인의 사망 후 3월 내 한정승인을 하여야 하는데 이는 상속인이 상속으로 취득할 재산의 한도에서 피상속인의 채무와 유증을 변제할 것을 조건으로 상속을 승인하는 의사표시이다. 상속포기는 상속개시로 인해 일단 발생한 상속의 효력을 상속인이 이를 거부하여 처음부터 상속인이 아니었던 것으로 하는 단독의 의사표시이다. 상속의 한정승인과 포기는 상속의 원칙적 효과를 한정하거나 부정하는 절대적 효력이 있어 이해관계인에게 중대한 영향을 미치므로 가정법원에 대한 신고로써 하여야 한다. 그러나 단순승인은 무방식의 의사표시로 할 수 있다. 상속은 포괄적이므로 그 승인 또는 포기도 상속재산에 대해 포괄적으로 하여야 하며, 특정재산에 대하여 선택적으로 할 수 없다. 한정승인도 상속채무의 변제책임을 한정시킬 뿐이며 상속재산의 포괄적 승계라는 점은 단순승인과 같다. 상속의 승인·포기는 상속인의 자유의사에 기초하여 이루어져야 하므로, 이것을 강제하거나 제한 또는 금지할 수 없다. 이러한 것에 관한 계약은 무효일 뿐만 아니라 피상속인이 한 유언도 무효이다. 상속의 승인 또는 포기는 상속인만이 할 수 있는 행사상의 일신전속권이다. 따라서 채권자 대위권이나 채권자취소권의 목적이 될 수 없다. 상속의 승인 또는 포기는 재산상의 행위로서의 성질을 가지므로 승인·포기를 하려면 행위능력자이어야 한다. 따라서 미성년자는 법정대리인의 동의를 얻어 스스로 승인 또는 포기를 할 수 있다.

6) 제사주재자

호주제도의 폐지 이후 민법은 1008조의 3에서 "제사용 재산은 제사를 주재하는 자가 이를 승계한다."고 규정하고 있다. 제사용 재산은 분묘에 속하는 1정보 이내의 금양임야, 600평 이상의 묘토인 농지, 족보, 제구로 구성된다. 제사 주재자가 누구냐를 둘러싸고 가족 간 분쟁이 있었던 사건에서 2008년 대법원은 우선적으로 망인의 공동상속인들 사이의 협의에 의해 제사주재자가 정해져야 하되, 협의가 이뤄지지 않는 경우에는 망인의 장남이 되고, 공동상속인들 중 아들이 없는 경우 망인의 장녀가 된다고 판결하였다(대판 2008. 11. 20. 2007다27670). 제사용 재산은 일반 상속재산이 아니고 특별재산이므로 상속분이나 유류분의 산정에 있어서 상속재산에 포함되지 않는다. 제사용 재산은 상속포기를 한 자도 승계할 수 있고, 한정승인이나 재산분리가 있는 경우에도 책임재산에서 제외된다.

7) 재산분리

재산분리란 상속 개시 후 상속채권자, 수증자, 상속인 채권자의 청구에 의해 상속재산과 상속인의 고유재산을 분리시키는 가정법원의 처분이다. 피상속인의 남은 재산을 파악하기 위해 금융거래 조회 서비스를 두고 있다. 재산분리는 상속인의 고유재산이 채무초과인 경우 상속채권자나 유증 받은 자를 보호하기 위한 제도이지만 거의 유명무실한 제도이다.

8) 상속인의 부존재

상속인의 존부가 분명하지 않은 경우 상속인을 수색하거나 그 확정을 구하는 동시에 상속재산을 관리하고 상속 채권자와 유증 받은 자에게 변제하는 등의 처리를 하기 위해서 마련하였다.

특별연고자에 대한 상속재산 분여는 상속재산이 있고 상속결격자에 준하는 사유가 없을 때 재산분여심판을 하므로 특별연고자의 지위는 기대권이라고 할 수 있다. 국가는 적극재산만을 취득하며 채무는 부담하지 않는다. 상속재산의 귀속 시기는 상속재산관리인이 잔여재산을 국가에 인계한 때이다.

[항공사 마일리지도 상속되는가?]

대한항공 약관에 사망한 회원의 계좌 및 적립마일리지는 상속될 수 없으며 자동 소멸된다는 내용에 대해 서울 남부지원 2011년 판결은 "마일리지 이용권은 특별한 사정이 없는 한 원칙적으로 상속이 가능한 권리이지만 계약 당사자 사이의 합의에 의해 회원의 사망을 마일리지 소멸조건으로 규정하는 방법으로 상속의 효과를 차단하는 것도 사적 자치의 원칙에 따라 허용"된다고 보았다.

[조위금은 누구에게 귀속되나?]

육군 항공대 A대위가 공무 수행 중 사망해 미망인이 부조금조로 받은 1,500만원을 둘러싸고 미망인과 시부모 사이 분쟁이 있었는데 대구 고등법원은 며느리 손을 들어 주었지만, 대법원은 시부모 손을 들어 주었다.

"상호부조의 정신에서 유족의 정신적 고통을 위로하고 장례에 따르는 유족의 경제적 부담을 덜어 줌과 아울러 유족의 생활안정에 기여함을 목적으로 증여되는 것으로써 장례비용에 충당하고 남는 것에 관해 특별한 사정이 없는 한 사망한 사람의 공동상속인들이 각자의 상속분에 응해 권리를 취득하는 것으로 봄이 우리의 윤리 감정이나 경험칙에 합치"된다고 보았다.

[6.25때 납북된 남편 땅을 남측 아내가 팔면 무효]

전쟁 당시 납북된 남편 명의의 부동산을 남한에 남은 부인이 임의로 처분한 경우로서 2011년 대법원에서 무효 판결을 하였다. 1951년 납북, 1968년 토지매각, 1977년 실종선고, 2004년 남북 이산 가족 상봉으로 실종선고가 취소되었다. 2007년 남편이 법정대리인을 통해 제소하여 2008년 1심에서 남편이 승소했고 항소심은 부인이 승소했다. "원고가 납북된 상태에서 아내가 남편을 대리할 권한이 있었고 15년 동안 두 딸을 어렵게 부양하며 생활하다가 매매계약 체결한 것은 유효"하다는 것이 항소심 법원의 판결 이유이었다. 그렇지만 대법원은 "17년간 연락두절이었던 남편이 매매계약에 대한 대리권을 부인에게 주는 것은 불가능"하다고 원심을 파기하였다.

14. 유언

1) 유언의 의의

유언은 유언자의 사망과 동시에 일정한 법률효과를 발생시키는 것을 목적으로 일정한 방식에 따라서 하는 상대방 없는 단독행위이다. 법적 성질은 요식행위이고 유언은 유언자 본인의 독립된 의사에 기한 것이어야 하며 대리는 금지된다. '착하게 살아라' 등 도덕적 내용의 유언을 하는 것은 자유이지만 법적 효력은 없다. 유언은 언제나 철회가 가능하고 유언자의 사망으로서 효력이 발생하는 사인행위이다. 따라서 유언이 효력을 발생하기 전까지 유언으로 이익을 받게 될 자(예: 수유자)는 법률상 아무런 권리도 가지지 않는다. 유언능력은 자신의 현실적 이익을 침해하는 것이 아니므로 의사능력만으로 충분하다. 만 17세에 달하면 유언을 할 수 있고, 피성년후견인은 의사능력을 회복한 때 한하여 유언을 할 수 있고, 이 경우 의사가 심신회복의 상태를 유언서에 부기하고 서명 날인하여야 그 효력이 인정된다(제1063조). 유언은 유언자 자신의 의사표시로서 하여야 하며 대리인에 의해 할 수 없다.

2) 유언의 형식

유언의 형식은 매우 엄격하다. 본인 사후에 유언자의 진의를 다시 확인할 수 없기 때문이다. 민법에 정해진 요건을 갖추어야만 유언으로서 효력을 발생한다.

① 자필증서에 의한 유언

유언자가 유언서의 전문과 작성 연월일, 성명을 자서하고 날인한다. 유언내용을 고치려면 고쳐 쓴 내용 위에도 도장을 찍어야 한다. 자필증서에 의한 유언은 간편하기는 하지만 유언자가 사망한 후 유언서를 처음 발견한 사람에 의해 위조·변조되거나 은닉될 위험성이 크다는 것이 단점이다. 대법원은 자필증서에 의한 것이라도 유언자의 날인이 없는 유언장은 효력이 없다고 판결했다. 연세대에 전 재산을 기부한다는 유언장을 남기고 사망한 김 모씨의 유족들이 김 씨의 거래은행을 상대로 낸 예금반환 청구소송에서 2005년 7월 "원고들은 모두 120억여 원의 예금반환 청구권과 공탁금 출급청구권이 있다"며 원고승소 판결을 내렸다. 망인이 유언은 날인하는 것에 의하여 성립된다는 내용의 자료를 피고 직원으로부터 받았음에도 날인을 하지 않은 채 유언장을 그대로 유지했다는 점 등을 고려하면 망인의 지위가 확정적으로 전 재산을 연세대에 유증한 것으로 보기 어렵다고 판시했다.(대법원 2006. 9. 8 선고 2006다25103)

② 녹음에 의한 유언
유언자가 유언의 취지, 성명과 연월일을 구술, 녹음하고 참여한 증인이 유언의 정확함과 그 성명을 구술, 녹음함으로써 성립한다. 녹음기만 있으면 간편하게 유언할 수 있고, 유언자의 사후에도 그대로 보존할 수 있는 장점이 있으나, 녹음된 것이 잘못되면 소멸되어 버리는 흠이 있다. 이 유언은 특히 몸이 불편해서 필기에 곤란한 자도 할 수 있다는 점과 유언자의 육성을 사후에도 보존할 수 있다는 점, 그리고 간편하게 할 수 있다는 점 등에서 장점이 있다. 그러나 분실, 은닉, 파기의 위험, 특히, 변조, 위조의 위험이 높다.

③ 비밀증서에 의한 유언
유언내용을 생전에 비밀로 하고자 할 때 사용되는 방식으로 유언자가 유언이 적혀 있는 증서에 성명을 기입한 후 그 증서를 엄봉해서 날인하고, 이를 2인 이상 증인의 면전에 제출하여 자기의 유언서임을 표시한 후 그 봉서의 표면에 제출 연월일을 기재하고 유언자와 증인이 각자 서명 또는 기명날인하여 작성한다. 이 때 반드시 표면에 기재된 날로부터 5일 이내에 유언서를 법원에 제출하여, 봉인상에 확정일자를 받아야 한다. 비밀증서에 의한 유언은 반드시 자필일 필요는 없다. 비밀 증서에 의한 유언이 그 방식에 흠결이 있는 경우에 그 증서가 자필증서의 방식에 적합한 때에는 자필증서에 의한 유언의 효력이 있다.

④ 공정증서에 의한 유언

증인 2인의 참여하에 유언자가 공증인의 면전에서 유언의 취지를 구수하고 공증인이 필기한 후 낭독하여 유언자와 증인이 그 정확함을 승인한 후, 각자 서명 또는 기명 날인하여 작성한다. 공정증서에 의한 유언은 법률전문가에게 맡겨서 처리하고 공증사무소에서 유언을 보존하기 때문에 위조·변조·은닉될 위험이 없다는 점에서 장점이 있다. 그러나 공증인에게 일정한 비용을 지불해야 하는 단점이 있다.

> 반혼수 상태에서 공정증서 유언을 할 수 있는가?
> 유언공정증서를 작성할 당시 유언자가 반혼수 상태였으며, 유언공정증서의 취지가 낭독된 후에도 그에 대하여 전혀 응답하는 말을 하지 아니한 채 고개만 끄덕였다면 유언공정증서를 작성할 당시 유언자에게는 의사능력이 없었으며 그 공정증서에 의한 유언은 유언자가 유언의 취지를 구수하고 이에 기하여 공정증서가 작성된 것으로 볼 수 없어서 민법 제1068조가 정하는 공정증서에 의한 유언의 방식에 위배되어 무효이다(대법 1996.4.23., 선고 95다34514판결).

⑤ 구수증서에 의한 유언

유언자가 2인 이상의 증인이 참여한 가운데 그 1인에게 유언의 취지를 구수하고 구수 받은 자가 이를 필기, 낭독하여 유언자와 증인이 정확함을 승인한 후, 각자 서명 또는 기명 날인하여 작성한다. 질병 기타 급박한 사유로 인해 보통방식에 의한 유언을 할 수 없어야만 가능한 유언의 방식으로서, 단지 질병으로 병원에 입원 중이라는 사정만으로는 허용되지 않는다. 부상, 전염병으로 교통이 차단 지역이나 조난당한 선박 가운데서 할 수 있다.

> [문자메시지에 의한 유언이 가능한가?]
> 27세의 스웨덴 청년은 자살하면서 동갑내기 친구 4명에게 자신의 아파트, 돈, 자동차를 나눠 주겠다고 문자메시지로 유언을 남겼다. 스웨덴 1심 법원은 이 유언의 효력을 인정했지만 항소심에서 무효라고 판결하며 어머니의 손을 들어주었다.

3) 유언의 효력

① 효력발생시기

유언은 유언자가 사망한 때로부터 그 효력이 생긴다. 따라서 유언에 의하여 이익을 받을 자도 유언자가 사망할 때까지 아무런 권리도 취득하지 못한다. 유언으로 자식을 인지한 경우 인지의 효력은 혼인 외의 출생자의 출생 시에 소급해서 발생한다. 조건부 유언도 할 수 있다. 정지조건은 예컨대 "아무개가 혼인할 때는 특정의 부동산을 준다"는 것과 같이 장래 불확실한 사건의 발생과 관련한 조건이다. 조건의 성취가 유언의 사망 후에 성취된 때에는 유언자의 사망 시가 아니라 그 조건이 성취된 때로부터 효력이 생긴다(제1073조 제2항). 정지조건이 유언자의 사망 전에 성취된 때에는 유언은 무조건의 것이 되어 유언자의 사망 시부터 효력이 생기게 된다. 유언에 해제조건을 붙이면 유언은 유언자가 사망한 때로부터 효력이 생기며 그 조건이 사망 후에 성취하였을 때에는 조건이 성취한 때로부터 효력을 잃는다. 기한부 유언도 할 수 있지만 상속재산분할금지 유언은 5년 내 종기가 있어야 한다.

② 유언의 무효·취소

유언의 무효는 유언의 내용상 또는 형식상 요건의 흠결로 인해 처음부터 유언으로서 성립할 수 없는 것이다.

유언의 취소는 유언자의 사망 후 사기·강박 등 일정한 원인으로 인하여 상속인·유언 집행자, 그 밖의 이해관계인이 유언의 효력발생을 방지하는 행위이다.

③ 유언의 철회

유언의 철회에는 임의철회와 법정철회가 있는데 유언자는 유언 또는 생전행위로서 유언을 철회할 수 있다. 임의 철회를 유언의 갱신이라고도 한다. 법정 철회는 생전 행위가 유언에 저촉한다든지 고의로 유증의 목적물을 파훼한 경우로서 유언 철회 시 처음부터 없었던 것과 마찬가지 결과가 되어 유언자의 사망에 의해서도 유언은 아무런 효력이 생기지 않는다.

유언을 철회한 후 그 철회의 의사표시를 다시 철회할 경우 원래의 유언이 부활하는지 여부에 대해서는 부활주의를 채택하는 독일과 비부활주의를 택하는 일본이 있다. 우리나라의 통설은 부활주의를 채택해 원래의 유언이 효력을 갖는다고 본다.

4) 유증

① 유증의 의의

유증은 유언으로 타인에게 재산적 이익을 무상으로 주는 것, 즉 유언에 의한 재산의 무상 양여를 뜻한다. 유증이 없으면 민법의 규정에 따른 법정 상속을 하게 된다.

② 포괄적 유증

포괄적 유증은 적극·소극재산을 포괄하는 상속재산의 전부 또는 그 분수적 부분 내지 비율에 의한 유증을 말한다. 포괄적 수증자는 재산상속인과 동일한 권리의무가 있다. 따라서 포괄적 수유자는 상속인과 마찬가지로 유언자의 일신 전속적 권리를 제외하고는 유언자의 권리의무를 포괄적으로 승계한다. 유증은 조건이나 부담을 붙일 수 있다는 점에서 상속과 다르다. 수증자가 상속개시 전에 사망한 경우에는 원칙적으로 유증의 효력이 생기지 않는 점도 대습상속이 인정되는 상속과 다른 점이다.

③ 특정적 유증

구체적인 재산을 목적으로 하는 유증을 말한다. 특정적 수유자는 특정의 재산권에 관하여 증여계약에 있어서의 수증자와 동일한 지위에 있다. 특정적 유증의 경우에 있어서 특정 유증물은 상속재산으로서 일단 상속인에게 귀속되며, 수유자는 상속인에 대하여 유증의 이행을 청구할 수 있는 권리를 취득하는데 지나지 않는다. 특정의 재산권은 그 이행에 의해 이전된다. 유증을 받을 자는 유언자의 사망 후에 언제든지 유증을 승인 또는 포기할 수 있다.

④ 부담부 유증

부담부 유증은 유언자가 유언증서에서 수증자에게 자기, 그 상속인 또는 제3자를 위해 일정한 법률상 의무를 부담시키는 것을 말한다. 예컨대 유언자가 수증자에게 어떤 이익을 주는 유언증서 중에 유언자 본인·그 상속인 또는 제3자를 위하여 일정한 의무를 이행할 부담을 과하는 유증을 말한다. 부담 있는 유증을 받은 자는 유증의 목적의 가액을 초과하지 아니한 한도에서 부담한 의무를 이행할 책임이 있다

5) 유언의 집행

유언의 집행은 유언의 효력이 발생한 후 유언에 표시된 유언자의 의사를 실현하는 행위 또는 절차이다. 유언집행자는 여러 명도 무방하다. 유언자는 유언으로 유언집행자를 지정할 수 있고 그 지정을 제3자에게 위탁할 수 있다(지정유언집행자). 법정유언집행자는 지정된 유언집행자가 없는 때 상속인이 유언집행자가 되는 경우이다. 유언집행자가 없거나 사망, 결격 기타 사유로 인하여 없게 된 때에는 법원은 이해관계인의 청구에 의해 유언집행자를 선임하여야 한다(선임유언집행자). 제한능력자와 파산자는 유언집행자가 되지 못한다. 지정 또는 선임에 의한 유언집행자는 상속인의 대리인으로 본다. 유언의 집행에 관한 비용은 상속재산 중에서 지급한다.

6) 유류분 제도

① 유류분 제도

　유류분 제도는 피상속인의 유언에 의한 재산처분의 자유를 제한함으로써 상속인에게 법정 상속분에 대한 일정비율의 상속재산을 확보해 주는 제도로서 1977년 신설되었다. 개인재산 처분의 자유, 거래 안전과 가족생활의 안정, 가족재산의 공평한 분배라는 대립하는 요구를 타협·조정하기 위해 둔 제도이다.

② 유류분권

　상속이 개시되면 일정한 범위의 상속인이 피상속인의 재산의 일정한 비율을 확보할 수 있는 지위를 가지는데, 이를 유류분권이라 한다. 유류분권을 가지는 자는 피상속인의 직계비속·배우자·직계존속·형제자매이다. 유류분권을 행사할 수 있는 자는 상속 순위상 상속권이 있는 자이어야 한다. 예컨대 제1순위 상속인인 직계비속과 배우자가 있는 경우 제2순위 상속인인 직계존속은 유류분권을 행사할 수 없다. 태아는 유류분 권리자가 될 수 있고 대습상속인도 피대습자의 상속분의 범위 내에서 유류분 권리자가 된다. 유류분권은 상속 개시 전에 포기할 수 없으나 상속개시 후의 포기는 가능하다.

③ 유류분의 범위와 산정

　유류분은 사망자의 직계 비속, 배우자는 법정상속분의 1/2, 직계존속, 형제자매는 법정상속분의 1/3 이다.
유류분 산정의 기초가 되는 재산은 피상속인의 상속 개시 시에 있어서 가진 재산의 가액에 증여자산의 가액을 가산하고 채무의 전액을 공제해 산정한다.

④ 유류분 반환청구권

　유류분 권리자는 유류분에 부족한 한도에서 유증 또는 증여된 재산의 반환을 청구할 수 있다(민법 제1115조 제1항)는 규정을 두어 유류분 반환청구권을 인정하고 유류분을 보전하고 있다. 유류분 반환청구는 반드시 재판상으로 행사하여야 할 필요는 없고 유류분 권리자의 상대방에 대한 의사표시로 한다. 즉 상대방 있는 단독행위이다. 반환청구를 받는 상대방은 유증을 받은 자 또는 증여를 받은 자 및 그 상속인이다. 유류분 반환청구권은 유류분 권리자가 상속의 개시와 반환하여야 할 증여 또는 유증을 한 사실을 안 때로부터 1년 내에 상속이 개시한 때로부터 10년 내에 하지 아니하면 시효에 의해 소멸한다.

[유류분 산정 사례연습]

갑이 재산 21억원을 남겨놓고 사망하였다. 갑은 생전에 이 재산을 모두 "을 사회복지법인에게 준다."고 유언하였다. 유류분은 얼마인가?
① 갑에게 처 A만 있는 경우
② 갑에게 처 A와 자녀 B,C가 있는 경우
③ 갑에게 형제자매 D, E, F만 있는 경우

① A는 배우자인 갑의 유산을 전부 상속하게 되고 유류분은 법정상속분의 1/2이므로 A의 유류분 액수는 21억×1/2 = 1,050,000,000원이다.
결국 을 사회복지법인은 1,050,000,000원을 받게 된다.

② A의 유류분은 법정상속분 1.5(3/7)의 1/2 = 3/14 이므로 A의 유류분 액수는 21억×3/14 = 450,000,000원
자녀 B,C 의 유류분은 법정상속분1(2/7)의 1/2 = 2/14
B,C 의 유류분 액수는 21억×2/14=3억원
결국 을 사회복지법인은 1,050,000,000원을 받게 된다.

③ D, E, F의 유류분은 법정상속분(1/3)의 1/3이므로 1/9
각 유류분액수는 21억×1/9=233,333,333원
결국 을 사회복지법인은 14억원(21억-7억)을 받게 된다.

V. 형사 관계에서 법과 여성

1. 서

 여성은 범죄에서 피해자 또는 피해자적인 가해자로 말려드는 것이 일반적이다. 여성범죄가 남성범죄에 비해 증가하고 있는 실정인데 여성범죄의 증가는 여성의 사회적 해방의 부수물로 볼 수 있다. 형법 등의 형벌법규에 반하는 행위는 가해자와 피해자의 성에 관계없이 범죄로서 처벌되며 그 형벌법규는 원래 성에 대해 중립적이다. 그런데 강간죄·성매매 등 성과 관련된 규정들이 가해자 혹은 피해자가 남성인가, 여성인가에 따라서 달리 취급하고 있다. 그 근거는 생리적 차이뿐 아니라 남성과 여성에게 부과되어진 성도덕 차이이다. 성도덕이 이중기준을 보이는데 여성의 성은 부(父)의 정당한 상속인이나 가(家)의 후계자를 만드는 성(性)으로서 처녀성과 정조가 사회규범과 형벌에 의해 강조될 만큼 엄격하고 남성은 사회적으로 성적 방종이 관대하게 허용되었다.

2. 여성범죄의 특징

 여성범죄는 남성범죄에 비해 검거수가 적고 반사회적 성격도 약하고 동기와 수단 면에서도 동정 여지가 있고 재판을 거쳐 처벌할 것 까지 없는 것이 많다. 이는 여성이 피해자적인 가해자로서 범죄에 관계하는 것이 많기 때문이다. 그러나 검거인원의 여성비율이 해마다 상승하고 있다. 여성비율이 높은 범죄로서는 절도·살인·방화 등이 있다. 살인죄의 여성비율이 높은 것은 영아살해죄의 여성비율이 높기 때문이다. 영아살해죄는 출산과 그 결과에 대해 무거운 짐을 부담하는 여성이 그 부담을 없애기 위해 저지르는 범죄로서 여성해방 진전과 모성본능 상실의 결과로 본다. 살인도 피해자는 밀접한 관계가 있는 부, 애인, 자녀, 친구 등이고 동기도 원한, 질투 등 감정적인 것과 얽혀 기인하는 것이 보통이다.

여성의 육체적·감각적 특성으로 인해 여성범죄가 적다. 평균적으로 여성의 신체는 작고 힘도 약하고 성격적으로도 공격적이지 않기 때문이며 수동성이 강조되는 교육의 결과라고 보여 진다. 여성의 장소는 가정이고 사회와 널리 접촉할 기회가 적었다.

3. 여성 살해

여성 살해는 여성들에 대한 남성들의 여성 혐오적인 살인을 말한다. 성차별적 테러리즘의 가장 극단적인 형태라 할 수 있다.

1) 개념의 기원과 발전

페미사이드(femicide)는 여성을 대상으로 한 살인을 명명하고 개념화해 그 실체를 드러내고자 서양에서 새롭게 제안된 개념이다. 이 용어를 페미니스트의 관점에서 사용한 첫 번째 시도는 1974년 경 미국에서 올럭이라는 작가가 이를 제목으로 하는 책을 구상한 것이었다. 이 책은 실제로 출판되지는 않았지만 여기에서 힌트를 얻은 러셀은 1976년 벨기에 브뤼셀에서 열린 1차 '여성대상 범죄 국제 재판'에서 최초로 이 용어를 공식화했다. 이후 러셀이 개념을 좀 더 세밀하고 단순하게 다듬기 시작했다. 2001년 편집자로 참여한 책에서 러셀은 여성 살해를 "여자라는 이유로 남자들이 여자들을 살해한 것"이라고 정의한다. 그녀는 여성 살해가 남성지배와 성차별주의의 극단적인 표현임을 명시하면서 여성 살해를 성 정치학의 장 안으로 들여 온 것이다.

2) 여성 살해의 현황

최근 몇 년 사이 언론들은 열정적으로 여성이 살해당한 사건들을 보도했다. 주요 언론에서조차 알려 주는 것이라고는 노출이 심한 차림의 술 취한 여성이 밤늦은 시각에 어두운 골목에서 불우한 성장배경의 사이코패스에게 재수 없이 당한다는 것이었다. 이는 성폭력사건과 관련해 익숙한 남성 중심적 설명 방식으로 여성의 살인사건에도 동일하게 사용된다. 2013년 3월 7일 '세계여성의 날'을 하루 앞두고 '한국 여성의 전화'가 제공한 자료에 의하면 2012년 한 해 동안 최소한 120명의 여성들이 남편이나 애인 등 친밀한 관계에 있는 남성의 손에 의해 살해되었다. '여성의 전화' 자료에 의하면 친밀한 관계에서의 여성 피해자의 49%가 40대와 50대인데 이는 '지속적인 가정폭력이 결국 살해라는 극단적인 상황'으로 이어졌음을 보여준다. 이런 점에서 볼 때 이러한 사건들이 우발적인 사건이 아니며 가부장제나 성차별주의 혹은 남성중심주의와 관련됨을 시사한다.

4. 형법상 성도덕에 관한 죄

1) 간통죄

간통죄는 2015년 2월 헌법재판소의 위헌 결정으로 폐지되었다. 구형법 제241조 제1항은 "배우자 있는 자가 간통한 때에는 2년 이하의 징역에 처한다. 그와 상간한 자도 같다." 제2항은 "전항의 죄는 배우자의 고소가 있어야 한다. 단, 배우자가 간통을 종용 또는 유서한 때에는 고소할 수 없다."라고 규정하여 간통죄를 처벌하였다.

간통죄의 보호법익은 건전한 성적 풍속으로서의 성도덕이었다. 범죄의 개수에 관해 상대방을 달리할 때에는 물론이고 동일한 남녀간의 관계도 각 정분마다 1개의 간통행위가 성립되어 실체적 경합범을 이룬다고 보았다. 간통죄를 비교법적으로 고찰해 보면 첫째, 남녀불평등주의가 있고 둘째 남녀평등처벌주의가 있으며, 셋째 남녀평등불벌주의가 있다. 첫째 남녀불평등처벌주의는 간통죄를 처벌해도 처와 남편의 처벌을 달리한다. 우리나라 구 형법은 부인의 간통만을 처벌하였다. 둘째, 남녀평등처벌주의(쌍벌주의)는 부부의 간통을 쌍방에게 평등하게 처벌한다. 미국의 몇몇 주에서 채택하고 있는 제도이다. 셋째, 남녀평등불벌주의는 부부의 간통을 범죄로 보지 않는 태도로서 현행 형법을 비롯한 덴마크, 독일, 스위스, 스페인 등 선진국의 입법 태도이다.

[폐지론의 논거]
처벌하지 않는 것이 세계적 추세이고 헌법상 인간의 존엄, 행복추구권의 보장을 위해 개인의 성적 자기결정권을 존중해야 한다.
형법은 개인의 사생활, 특히 사적 윤리에는 개입하지 말아야 하고 동의하는 간통행위는 피해자가 없다.
혼인 중 당사자는 그 배우자에 민사책임을 물을 수 있고 간통죄는 복수심 많은 자만을 보호하게 되고 속임수가 많고 법의 실효성이 거의 없다.
범죄 억지효과나 재사회화의 효과는 거의 없다.
행위자의 전부를 실추시키고 시민으로서 일생을 파멸시키며 자녀 등 가족의 장래를 파멸로 이끈다.
공갈의 합법적 수단이 되며 재력 있는 범인은 처벌이 면제되는 부작용이 있다.

[존치론의 논거]
폐지가 시급한 것이 아니라 폐지의 전제를 위한 사회적 노력이 중요하다.
간통죄는 가정·혼인의 순결을 보호하기 위한 제도로서 기본권 구체화 규범이다.
형법의 기능 중 규범 향도적 기능도 있어서 폐지로 인해 책임 있는 가정윤리의 새 모델이 등장·발전할 가능성도 있지만 감정이 풍부한 국민정서에 비추어 역작용이 가능하다.
의심스러울 때는 기존 상태에 유리하도록 결론 내리는 것이 입법자의 태도이다.

2) 음행 매개죄

영리의 목적으로 미성년 또는 음행의 상습 없는 부녀를 매개하여 간음하게 함으로써 성립한다. 형법 제242조는 3년 이하 징역, 1500만원 이하 벌금형을 규정한다. 미성년의 부녀는 13세 이상 19세 미만의 부녀를 말한다.

13세 미만 부녀는 미성년자 의제 강간·강제추행죄(형법 제305조)가 성립한다. '음행의 상습 없는 부녀'란 매춘부 기타 불특정 남자를 상대로 성생활을 하고 있는 부녀 이외의 부녀를 말한다.

3) 음화 등 반포·매매·공연 전시죄

헌법상 표현의 자유와 상충될 수 있는 범죄이다. 그 내용이 사람의 성욕을 자극·흥분시켜 보통 사람의 성적 수치심을 침해하는 것이 해당된다. 음란은 행위자의 주관적 의도와 상관없이 객관적으로 판단하되 보통 성인을 기준으로 하고, 문서·작품에 대한 전체적인 흐름을 토대로 판단하여야 한다. 다수설·판례는 상대적 음란성이론인데 작품 내용뿐만 아니라 그 밖의 부수사정, 예컨대 작가·출판사의 의도, 광고·판매 방법, 독자상황 등을 고려해 상대적으로 판단해야 한다는 것이다. 대법원은 1970년 10월 판결(나체의 마야사건)에서 명화집에 실려 있는 나체화가 음란성을 가질 수 있다고 보았다. 이 학설의 단점은 음란개념이 모호해지고 그 판단이 자의로 흐를 위험이 있다는 것이다.

일본 판례가 제시한 음란성의 기준은 성에 관한 노골적이고 상세한 묘사정도이다. 그러한 묘사가 문서전체에서 차지하는 비중, 문서에 표현된 사상과 이러한 묘사의 관련성, 문서의 구성과 전개, 예술성·사상성에 의한 성적 자극 완화정도 등을 고려해서 결정하게 된다.

4) 음화 등 제조·소지·수입·수출죄

음화반포·판매·공연 전시죄의 예비행위를 독립범죄로 규정하고 있다. 목적범이므로 반포 공연전시 등의 목적이 없는 단순한 소지는 죄가 되지 않는다.

5) 공연음란죄(형법 제245조)

공연히 음란행위를 함으로써 성립되는 범죄로서 1년 이하, 500만원, 구류 또는 과료에 처한다. 건전한 성풍속 내지 성도덕이라는 일반의 이익을 보호법익으로 한다.

6) 강간죄

① 강간죄의 의의

폭행 또는 협박으로 사람을 강간한 자는 3년 이상 유기징역에 처한다(형법 제297조). 1981년 미국 테네시주 중학교 여선생이 남학생을 강간한 혐의로 기소되어 화제가 된 적이 있었다. 여성은 오로지 강간의 피해자이고 가해자는 아니라는 기존 관념에서 볼 때 놀라운 일이다. 미국은 여성해방운동의 목소리가 높아지는 가운데 이제까지 강간죄의 피해자를 여성으로만 한 형사법의 규정을 남자도 피해자가 될 수 있도록 개정하였다. 이 사건은 여성도 강간죄의 주체가 될 수 있다는 형법 개정 후 최초로 남성이 객체가 된 사건이었다. 우리 형법은 인격적 자유로서의 사람의 성적 자유를 지키기 위해 폭행·협박을 가하여 간음한 행위를 범죄로서 처벌하고 있다. 구 형법에서 강간죄의 객체를 '부녀'로 한정했던 것은 성도덕에 대한 이중적 사고에 기초하여 여성에게 처녀성과 정조를 지키게 하는 목적을 갖는다. 강간의 객체가 되는 여성은 피해감정에 더해 죄의식, 자기비하 콤플렉스, 자기 부정심등 정신적 손해를 보게 됨으로써 결혼이 어려워지고 애인을 잃는 등 여러모로 불리하다. 1967년 대법원은 "여성만을 보호의 대상으로 하는 것은 평등원칙에 위배되지 않는다"고 판결하였다(대판 1967.2.28. 67도1). 그러나 시대가 변함에 따라 남녀평등을 실현하기 위해서는 성도덕에 대한 이중적 사고가 없어져야 할 뿐만 아니라 남성의 동정성 및 정조 역시 여성의 처녀성 및 정조와 동등하게 취급되기에 이르렀다. 이러한 입장에서 2012년 12월 개정형법에서는 강간죄의 객체를 '부녀'에서 '사람'으로 변경하여 남녀의 성적 자유가 평등하게 보호되도록 하였다.

② **강간죄의 주요 판례**

2004년 대법원 판결은 피고인이 인터넷 채팅 사이트를 통해 14세 피해자를 알아 비디오방과 피고인 회사 숙직실에서 피해자의 반항을 억압한 후 2회 강간한 사건에서 "피해자의 의사에 반하는 정도의 유형력을 행사해 피해자를 간음한 것으로 볼 여지는 있으나 더 나아가 그 유형력 행사로 인해 피해자가 반항을 못하거나 반항을 현저하게 곤란하게 할 정도에까지 이르렀다는 점에 대해 합리적 의심이 없을 정도로 증명이 되었다고 보기는 어렵다"고 하여 원고 패소판결을 내렸다.

강간범 앞에서 피해자가 느끼는 육체적 무력감과 엄청난 정신적 공포를 무시하고 피해자가 필사적인 저항으로 인해 중대한 신체적 피해를 입었다는 사실을 입증해야 강간죄를 인정하는 것은 남성 중심적 사고이다. 또한 '여자의 no는 사실상 yes다'라는 식의 왜곡된 통념에 기초하고 피해자의 감정·반응을 충분히 고려하지 않은 문제점이 있다는 것이 다수 학자들의 비판이었다.

2005년 대법원 판결은 "가해자의 폭행 협박이 있었는지 여부는 내용과 정도는 물론 유형력을 행사하게 된 경위, 피해자와의 관계, 성교 당시와 그 후의 정황 등 모든 사정을 종합해 피해자가 성교 당시 처하였던 구체적 상황을 기준으로 판단하여야 하며 사후적으로 보아 피해자가 성교 이전에 범행 현장을 벗어날 수 있었다거나 피해자가 사력을 다해 방어하지 않았다는 사정만으로 가해자의 폭행 협박이 피해자의 항거를 현저히 곤란하게 할 정도에 이르지 않았다고 섣불리 단정해서는 안된다."는 논지로 강간죄를 인정하였다. 이 사건에서 노래방을 운영하는 피고인은 노래방 도우미인 피해자와 술 마시던 중 소리를 지르고 저항하는 피해자의 반항을 억압한 다음 1회 간음했다. 피고인이 화장실에 다녀온 사이 피해자는 그대로 머물러 있었고 보도방 사장에게 전화로 상황을 알리지 않았고 성교과정에서 어깨를 누르는 정도로 피해자를 때리거나 위협적인 말로 협박하지는 않았으며 피해자가 바지를 잡고 저항하는 상황에서 피해자의 바지를 한꺼번에 벗긴다는 것이 납득하기 어렵고 피해자의 비명소리 없었다는 이유로 1심과 2심은 강간죄를 부인하였다. 그렇지만 대법원은 이를 뒤집고 파기 환송하였다.

한편 2008년 대법원 판결은 밀양 성폭력 사건에서 2차 피해를 인정하였다. 여중생을 고교생이 집단 성폭행한 사건에서 인권보호를 위한 경찰관 직무규칙을 위반해 피해자들과 피의자들을 직접 대면케 해 물의를 빚었다.

③ 부부강간의 인정여부에 대한 이론

부부사이에는 강간죄가 성립하지 않는다는 의견은 부부는 법규상 동거의무가 있고 동거의무는 성생활을 함께 할 의무를 포함하며, 부부간의 강제적 성관계의 입증이 곤란하며 수사를 위해 국가가 과도하게 부부관계에 개입한다는 것을 주요 논거로 한다. 반면 부부강간을 인정해야한다는 입장은 헌법 제36조 제1항에서 가정과 혼인생활은 개인의 존엄과 양성의 평등을 기초로 성립되고 유지되어야 한다고 규정하므로 민법상 동거의무에 강요된 동침까지 포함될 수 없고 부부 각자도 성적 자기결정권을 가지며, 입증곤란의 문제를 범죄행위 성립을 부정하는 논거로 사용할 수 없다는 것을 주요 논거로 하고 있다.

암묵적 동의이론은 혼인계약으로 남편이 원할 때에 아내는 언제나 성교에 응한다는 동의가 포함되어 있다는 이론이다. 그래서 혼인관계에 있는 아내는 남편과의 성교에 있어서 동의를 철회할 수 없다고 본다는 것이다. 부부단일체 이론은 남편과 아내는 법적으로 단일체이어서 혼인관계에 있는 동안에는 여성이라는 법적 실체가 정지되거나 아내는 남편에 복종하는 남편의 부속물로서 가치를 갖는다는 견해이다. 면책이론은 부부간 혼인 중 성행위는 외부의 법체계가 개입할 수 없거나 법적 판단을 내려서는 옳지 않다는 이론이다. 부부간 성행위는 가장 근원적인 프라이버시 영역에 속하는 것이라고 보아 혼인의 프라이버시 이론이라고 부른다. 혼인상의 화해이론은 부부간의 성문제에 형법이 개입하면 부부간 불화를 조장하고 화해를 방해한다는 이론이다. 신체 통합성 이론은 강간은 피해자의 신체적 통합성을 침해하고 장기간의 심각한 육체적·정신적 피해를 초래하는 행위라는 견해이다. 미국에서 부부강간의 면책을 폐기한 이래 내려진 판결에서 제시한 것으로 남편은 프라이버시의 구실 아래 자신이 아내를 강간하는 것은 정당화될 수 없다고 하면서 별거명령을 받은 상태에서 아내를 강간한 남편의 행위에 대해 강간죄를 인정하였다.

④ 부부강간에 대한 판례변화

부부간의 강간이 성립할 수 있는가 하는 문제에 대해 1970년 대법원은 법률상 유효한 결혼 한 부부사이에 부가 처에 대해 성교를 요구할 권리가 있어 폭행·협박죄는 별론으로 하고 강간죄는 성립하지 않는다고 판결하였다. 간통죄 고소를 취하한 후 남편은 2일 간 감금 후 기진맥진한 처를 폭행하여 항거불능하게 하고 간음한 사건이었다. 새 출발을 약속하고 간통죄 고소를 취하해 부부관계이므로 강간죄는 성립하지 않는다고 보았다.

2013년 5월 16일 대법원 전원합의체는 판례를 변경하여 흉기로 아내를 위협하고 강간한 경우 유죄로 인정하였다. 강간죄의 객체에는 법률상 처가 포함되고 혼인관계가 파탄된 경우뿐만 아니라 혼인관계가 실질적으로 유지되고 있는 경우에도 남편이 반항 불능하게 하거나 현저하게 곤란하게 할 정도 폭행·협박을 가해 간음한 경우 강간죄가 성립한다고 보았다. 결혼한 처의 성적 자유도 보장되어야 한다는 점, 혼인의 성에 대한 규범을 명확히 하고 가정에서의 폭력과 학대 감소 효과가 있다는 점 등을 판단 근거로 삼았다. '남편이 강제력을 행사하게 된 경위, 혼인생활의 형태, 부부의 평소 성행, 성관계 당시와 그 후의 상황 등 모든 상황'을 종합해 신중하게 판단해야 한다고 했다.

2009년 부산지방법원은 40대 남자가 24세 필리핀 출신 아내를 흉기로 위협하고 성관계를 가진 사건에서 보호법익이 여성의 정조가 아니라 성적 자기 결정권 침해이므로 강간죄가 성립한다고 보았다. 부부강간에 국가가 개입해 혼인이 파탄 게 아니라 부부강간으로 부부 관계가 이미 파탄이 난 것으로 보았고 국가는 성적 폭력 사태를 사후 수습한 것에 불과하다고 판결하였다.

2009년 협의 이혼 신청서를 제출한 다음날 새벽, 성관계 거절을 이유로 머리채를 잡고 싱크대에 있던 부엌칼로 위협하고 강압적으로 성관계를 한 사건에서 대법원은 부부강간을 인정하였다. 1994년 대법원은 상습적으로 가정폭력을 하던 남편에 대한 반격으로 배우자를 살인한 사안에서 정당방위를 부인했다.

2005년 서울 고등법원은 아내의 남편 살해에 대해 정당방위, 긴급피난을 인정하지 않았지만 외상 후 스트레스 증후군을 인정해 감형한 바 있다.

부부강간이 발생한 경우로 판단되었다고 하여도 혼인관계를 지속하고자 하는 의사가 있는 부부의 경우 형법상 강간죄로 처벌하는 것이 적절한지에 대해 생각해 볼 필요가 있다. 부부강간을 전과가 남지 않도록 형벌과 유사한 효과를 가져올 수 있는 방안을 고려해 볼 필요도 있다. 격리나 권리제한, 교육, 사회봉사명령 등을 통해 부부강간 문제가 해결되고 인간의 존엄성이 유지되는 결혼생활이 가능하도록 하기 위한 조치를 취할 필요가 있다.

7) 강제추행죄

폭행 또는 협박으로 사람에 대하여 추행한 자는 10년 이하 징역, 1,500만원 이하 벌금에 처한다(형법 제298조). 강제추행죄는 사람의 성적 자유 내지 성적 자기결정의 자유 보장이 목적이다. 추행은 성욕의 흥분, 자극 또는 만족을 목적으로 하는 행위로써 건전한 상식 있는 일반인의 성적 수치·혐오의 감정을 느끼게 하는 일체 행위를 의미한다. 여자의 손이나 무릎을 만지는 행위는 물론 옷을 입고 있는 여자의 옷 위로 가슴 만지는 것만으로는 강제 추행이 되지 않는다.

2002년 대법원 판례는 여자와 춤을 추면서 피해자의 유방을 만지는 행위는 강제 추행에 해당된다고 판결하였다. 판례에 의하면 피해자의 상의를 걷어 올려 가슴을 만지고 하의를 끌어 내린 경우, 피해자를 팔로 힘껏 껴안고 두 차례 강제로 입을 맞춘 경우, 노래 부르는 피해자를 뒤에서 껴안고 춤을 추면서 젖가슴을 만지면 강제추행에 해당한다.

8) 낙태죄

낙태죄는 태아를 자연분만하기 앞서서 인위적으로 모체 밖으로 배출하거나 태아를 모체 안에서 살해하는 범죄로서 인공출산은 낙태죄에 해당하지 않는다. 형법의 낙태죄에 대해서는 실효성에 의문이 제기되고 있다. 모자보건법은 우생학적·유전학적 정신장애나 신체질환, 전염성 질환, 강간 또는 준강간, 혈족 또는 인척간 임신, 임신 지속이 보건의학적 이유로 모체 건강을 심히 해하고 있거나 해할 우려 등 낙태정당화 사유가 있을 때 의사는 본인과 배우자 동의를 얻어 인공임신중절수술을 임신일로부터 24주내에 할 수 있다고 규정하고 있다. 낙태죄는 출산을 여성의 천명으로 생각하고 낙태 금지를 국가권력으로 강제하는 의미를 갖는다. 프랑스는 피임은 1967년, 임신중절은 1975년에 합법화하였다.

미국 연방대법원은 1973년 로 대 웨이드 판결에서 낙태 권리는 개인적 권리 즉 프라이버시 권리이고 공권력 개입이 불허되는 영역으로 보았다. 낙태권도 절대적은 아니고 모체보호, 태아 생명보호를 위해 법 규제가 가능하다. 임신 초 3개월 까지 낙태에 의한 사망률은 자연출산과 같은 정도이고 모체보호를 위해 3개월까지는 불허한다. 태아는 6개월이 되어서 법 보호를 받을 주체가 되므로 태아의 생명존중과 모의 선택의 자유를 비교형량 하여야 한다. 3개월까지는 여성의 권리로 확립하고 국가 개입을 금지하였다.

생명이 언제부터 시작되는가를 둘러싸고 일부노출설, 전부노출설, 독립호흡설, 진통설(분만개시설) 등이 있지만 전부노출설이 다수설이다. 우리 민법에서도 분만이 완성되어 태아가 모체로부터 완전히 분리된 때부터 사람이라고 하는 전부노출설을 취하고 있다. 독일의 경우는 연방헌법재판소가 제1차 낙태판결에서 인간 개체의 발생사적으로 보아 수태 후 14일 정도를 생명의 시작으로 인정하고 있지만(BVergGE 39, 1(37)), 제2차 낙태판결에서는 태아의 성장 정도, 수태 후 경과기간, 모체의 생명 성장에의 준비성 여부에 관계없이 보호되어야 하는 것으로 보았다(BVergGE 88, 203(254)).

[형법 낙태죄 처벌조항의 합헌 결정]

헌법재판소는 낙태 시술을 한 의료인을 2년 이하의 징역형으로 처벌하도록 하고 있는 형법 규정이 합헌이라 결정했다. 낙태죄로 기소돼 재판을 받고 있는 조산사 송모씨가 낸 헌법소원심판사건(헌재 2012. 8.23. 2010헌바402)에서 재판관 4:4의 의견으로 합헌결정을 내렸다. 결정문에서 "헌법이 태아의 생명을 보호하는 것은 태아가 인간으로 될 예정인 생명체라는 이유 때문이지, 태아가 독립해 생존할 능력이 있다거나 사고능력, 자아인식 등 정신적 능력이 있다는 생명체라는 이유 때문이 아니다. 태아가 독자적 생존능력을 갖췄는지 여부를 낙태 허용의 판단기준으로 삼을 수는 없고, 특히 의학의 발전으로 태아가 모태를 떠난 상태에서의 생존 가능성이 점점 높아지고 있는 현실과 그 성장 속도 역시 태아에 따라 다른 현실을 감안하면 임신 후 몇 주가 경과했는지 또는 생물학적 분화 단계를 기준으로 태아에 대한 보호의 정도를 달리할 것은 아니다. 낙태를 처벌하지 않거나 형벌보다 가벼운 제재를 가하게 된다면 현재보다도 훨씬 더 낙태가 만연하게 돼 자기낙태죄 조항의 입법목적을 달성할 수 없게 될 것"이라며 "모자보건법에서 우생학적 질환이 있는 경우에는 임신 24주 이내의 낙태를 허용하고 있음에도 사회적·경제적 사유로 인한 낙태로까지 그 허용의 사유를 넓힌다면 자칫 자기낙태죄 조항은 거의 사문화되고 낙태가 공공연하게 이뤄져 생명 경시풍조가 확산될 우려도 있다"고 했다. 헌법재판소는 또 "낙태가 대부분 의료업무종사자를 통해 이뤄지는데 태아의 생명을 박탈하는 시술을 한다는 점에서 비난 가능성이 크다. 경미한 벌금형은 낙태시술의 기능이나 약품 등을 알고 있는 것을 남용해 영리행위를 추구하는 조산사에 대해 위하력(범죄 억제력)을 가지기 어려운 만큼 징역형으로만 처벌하도록 규정한 것은 헌법상 평등원칙에 위배된다고도 할 수 없다"고 덧붙였다. 그러나 반대의견은 "현대 의학의 수준에서 태아가 임신 24주까지는 자존적 생존 가능성이 전혀 없다고 보고 있으므로 태아의 독자적 생존능력이 인정되는 임신 24주 이후에는 태아의 생명도 인간의 생명과 어느 정도 동일시할 수 있다. 임부의 낙태를 원칙적으로 금지하고, 임부의 생명이나 건강에 현저한 위해가 생길 우려가 있는 등 특단의 사정이 있는 경우에만 낙태를 허용하는 것이 바람직하다"고 주장했다. 이들은 "임신 13~24주의 낙태는 임부의 생명이나 건강에 위해가 생길 우려가 증가하는 반면, 임신 초기인 1~12주까지의 태아는 신경생리학적 구조나 기능을 갖추지 못해 고통을 느끼지 못하고 임부의 합병증과 사망률이 현저히 낮으므로 임신초기에는 임부의 자기결정권을 존중해 낙태를 허용해줄 여지가 크다"고 덧붙였다.

형법에서 낙태죄가 규정된 지 66년 만에, 헌법재판소의 2012년 합헌 결정 후 7년 만인 2019년 4월 11일 헌법재판소는 형법의 낙태죄 처벌 조항이 헌법에 합치하지 않는다고 결정하였다. 헌법재판소는 현행 형법상의 '낙태의 죄'와 모자보건법은 유효하지 않지만 2020년 12월 31일까지를 시한으로 입법자가 법을 개정할 때까지 계속 적용된다는 결정을 내렸다. 이번 판결은 과거 '태아의 생명권 대 여성의 결정권' 구도를 넘어서서 국가의 책임을 분명히 했다.

헌법재판관 세 명의 위헌의견, 네 명의 헌법불합치 의견은 모두 2012년 판결의 구도를 분명히 넘어섰다. 2012년 헌법재판소는 태아의 생명권을 공익으로, 여성의 자기결정권을 사익으로 두고 이를 태아와 여성의 권리 충돌로 판단하였지만, 이번 판결에서는 이와 같은 구도가 잘못되었다는 점을 명확히 지적했다.

유남석 등 네 명의 헌법재판소 재판관은 헌법불합치 의견에서 "임신한 여성과 태아 사이의 특별한 관계로 인하여 그 대립관계는 단순하지 않다. 태아는 엄연히 모와는 별개의 생명체이지만, 모의 신체와 밀접하게 결합되어 특별한 유대관계를 맺으면서 생명의 유지와 성장을 전적으로 모에게 의존하고 있다. 특별한 예외적 사정이 없는 한, 임신한 여성의 안위가 곧 태아의 안위이며, 이들의 이해관계는 그 방향을 달리하지 않고 일치한다"라고 판결함으로써 국가가 태아와 여성의 권리를 대립 구도로 두지 말 것을 언급했다.

또한, "임신한 여성의 안위가 태아의 안위와 깊은 관계가 있고, 태아의 생명 보호를 위해 임신한 여성의 협력이 필요하다는 점을 고려하면, 태아의 생명을 보호한다는 언명은 임신한 여성의 신체적, 사회적 보호를 포함할 때 실질적인 의미를 가질 수 있다. 원치 않은 임신을 예방하고 낙태를 감소시킬 수 있는 사회적, 제도적 여건을 마련하는 등 사전적, 사후적 조치를 종합적으로 투입하는 것이 태아의 생명 보호를 위한 실효성 있는 수단이 될 수 있다"고 언급함으로써 임신중지의 책임을 여성에게 처벌로서 전가할 것이 아니라 국가가 실효성 있는 수단을 강구함으로써 생명권과 자기결정권의 보장을 위한 책임을 이행해야 함을 분명히 했다.

임신중지의 문제를 더 이상 '태아의 생명권 대 여성의 결정권'의 문제로 다루지 말고, 모든 사람들이 평등하고 안전하게 살 수 있는 삶의 조건을 제대로 보장해야 할 국가와 사회의 책임에 달려 있는 문제로서 다루어야 한다는 것이 학자들의 평석이다.

　이번 결정으로 임신중지에 대한 처벌은 실효성이 없음을 확인했다. 단순 위헌 의견을 제시한 헌법재판관 세 명은 결정문에서 "임신한 여성이 낙태 여부를 결정할 때에는 태아에 대한 애착, 태아의 생명 박탈에 대한 윤리적 문제와 더불어 출산 후 양육을 담당하면서 부담해야 할 막대한 사회적·경제적·신체적·정서적 책임과 태어날 아이의 미래의 삶을 종합적으로 깊이 고려하는 것이 통상적이고, 이러한 결정은 임신한 여성이 자신과 태아의 인생이 완전히 달라질 수도 있다는 중압감 속에서 자신과 태아의 미래의 삶에 대한 총체적이고 심층적인 고민에 기반하여 내려지므로, 그 결정의 무게에 비추어 낙태에 대한 형사처벌의 가능성이 위와 같은 결정에 미치는 영향력은 제한적일 수밖에 없다. 낙태를 처벌하지 않는다고 하여 낙태가 증가할 것이라고 단언할 수 있는 자료를 찾기가 어렵고, 오히려 낙태를 처벌하지 않는 국가가 낙태를 처벌하는 국가에 비하여 낙태율이 상대적으로 낮게 나타나고 있다는 실증적 결과가 있을 뿐이다. 또한 그간의 낙태죄 처벌은 태아의 생명을 보호한다는 본래의 입법목적과는 다른 목적으로 악용되는 사례가 많았다"고 언급하였다.

　헌법불합치 의견을 낸 재판관 네 명은 "자기낙태죄 조항은 태아의 생명 보호를 위한다는 본래의 목적과 무관하게 헤어진 상대 남성의 복수나 괴롭힘의 수단, 가사·민사 분쟁의 압박수단 등으로 악용되기도 한다. 자신으로 인해 임신한 여성이 병원에서 낙태를 한 후 자신을 만나지 않으려 할 때 상대 남성이 자기낙태죄로 고소하겠다는 위협을 하는 경우, 배우자가 이혼소송 과정에서 재산분할이나 위자료 청구에 대한 방어수단으로 낙태에 대하여 고소를 하는 경우 등이 그러하다"고 언급함으로써 임신중지에 대한 처벌은 임신중지를 예방하는 실효성은 없는 반면 성적 불평등을 유지시키는 방식으로 악용되어 온 영향이 크다고 보았다.

　임신중지의 예방에 처벌이 실효성이 없다는 것은 국제적으로도 계속해서 증명되어 온 바이다. 전 세계적 추이를 볼 때 임신중지를 폭넓게

합법화하거나 완전 비범죄화 한 국가에서 임신 중지율은 지속적으로 하락해 왔다. 이는 앞서 언급한 바와 같이, 임신중지의 결정에 실질적인 영향을 미치는 것은 처벌이 아니라 임신당사자가 처한 개인의 신체적, 건강상의 여건과 사회경제적 조건, 파트너와의 관계, 양육 환경 등에 따른 것이므로 이에 대한 변화와 보장에 사회적 역량을 기울이는 것이 실질적인 효과를 가지기 때문이다. 또한 이번 결정은 임신의 유지 여부에 대한 여성의 자기결정권을 헌법적 권리로서 분명히 확인했다.

이들은 또한 임신 유지에 관한 여성의 결정권이 헌법으로 보장되어야 할 자기결정권임을 확인하면서 "자기결정권의 근거이자 동시에 목적인 인간의 존엄성은 국가에 인간의 존엄성을 존중하고 보호해야 할 의무를 부과한다. 인간은 그 자체로서 궁극적 목적이자 최고의 가치로서 대우받아야 하며, 어떠한 경우에도 인간이 다른 가치나 목적, 법익을 위한 수단으로 취급되어서는 안된다"라는 판단으로 현행 '낙태죄'의 위헌성을 분명히 확인했다. 이는 여성의 자기결정권이 헌법상의 핵심적인 기본권으로써, "어떠한 경우에도 다른 가치나 목적, 법익을 위한 수단으로 취급되어서는 안 된다"는 점을 분명히 하였다.

9) 성폭력범죄의 처벌 등에 관한 특례법

성폭력범죄의 처벌 등에 관한 특례법은 친고죄 폐지, 13세 미만 처벌 강화, 음주·약물 심신 장애 감경 적용 배제, 공소시효 10년 연장, 성폭력범죄자의 경우 피의자 단계에서도 그 얼굴, 성명, 나이 등 공개 가능, 유죄 선고 시 일정 기간 전자 발찌 부착 명령, 보호관찰, 수강 명령, 성폭력 치료 프로그램 이수 명령, 사회봉사 명령 가능 등을 규정하고 있다. 또한 16세 미만 여자에 대한 성폭력 범죄와 성폭력 범죄를 재범할 우려 있는 19세 이상 사람에게는 성호르몬 조절 약물을 투여하는 치료 명령, 즉 화학적 거세가 가능하도록 하였다. 이는 '성폭력범죄자의 성충동 약물치료에 관한 법률'에 근거를 두고 있는데 성폭력 강력 범죄자들이 성충동을 억제할 능력이 없어 성폭력범죄를 범하는 점을 감안하여 국가가 나서서 피고인에게 약물을 투여해서라도 성욕을 저하시켜 재범을 막고 성도착증 환자를 치료하기 위해 제정되었다. 미국, 유럽,

이스라엘, 아르헨티나, 러시아, 뉴질랜드 등의 국가들도 화학적 거세를 법적으로 허용하거나 시행하고 있다.

10) 성폭력 범죄에서의 논의와 법 개정 방향

성폭력에 관한 법적 조치는 성폭력처벌을 중심으로 되어 있어 특별법이 갖는 한계를 해결하려고 '성폭력범죄처벌 특례법'과 '성폭력방지 및 피해자보호법'을 분리하여 입법하였다. 양자가 처벌과 보호라는 다른 특성이어서 분리 입법의 필요성이 강조되기도 하였다. 그렇지만 분리 입법보다는 '성폭력에 관한 법'으로 묶어 처벌과 보호로 적절하게 배치·규정하는 것이 필요하다.

> **[친족관계 성폭력(대법원 1992. 12.22. 선고 92도 2540판결)]**
>
> 피고인 A와 B는 공모하여 피해자 김모를 살해하고 강도로 위장하기로 공모한 후 피고인 A가 이 사건 범행 전날 서울 모 시장에서 식칼, 장갑 등을 구입해 범행장소인 충주에 내려가서 피고인 B와 전화통화로 범행시간을 정하고 약속시간에 피고인 A가 열어준 문으로 피해자의 집안에 들어간 후 심장을 1회 찔러 살해하고 강도 살인을 당한 것처럼 위장하였고 피고인 A는 옆집에 가서 강도를 당하였다고 신고하였다. 대법원은 원심과 마찬가지로 피고인의 행위가 정당방위에 해당한다거나 과잉방위에 해당한다고 볼 수 없다고 판단하였다.

11) 성매매와 성적 자기결정권

성매매는 불특정인을 상대로 성교행위를 매매대상으로 하는 행위이다. 성매매와 관련한 형법의 태도는 처벌주의, 규제주의, 폐지주의 등이 있다. 처벌주의는 성매매를 범죄로서 처벌하는 입장으로서 미국은 처벌의 주요 목적을 '질병 예방'에 두고 있다. 규제주의는 검진의무를 부과하고, 규제는 파는 쪽에 둔다. 매춘은 남성과 지역사회에 해악을 주는 특수한 근로자로 보며 공권력 역할은 성 매수남측의 건강을 유지하는 것이다. 폐지주의는 성 업자를 여성 신체의 착취자로 보는 입장으로서, 윤락행위 등 방지법은 폐지주의 입장에서의 입법이다. 단순 매춘을 처벌하지 않는 것은 성매매 남성을 보호하고 여성을 도덕적 비난과 자기평가의 저하에서 해방시키는 부인보호 정책이다. 비범죄화는 성적 자기결정권을 존중하는 입장, 직업으로서 매춘을 인정해달라는 섹스 워커 운동 등에서 주장하는 입장이다.

2012년 서울지방법원 북부지원에서 헌법재판소에 위헌법률심판 제청을 신청하였다. "강요와 착취가 없는 성인 사이의 성매매에서 성 판매 여성을 처벌하는 조항은 보호 법익이 모호하다. 예컨대 성 풍속에 대한 중대한 위험을 명백하게 했는지 확인하기 어렵다. 국가형벌권 행사는 필요 최소한에 그쳐야 한다. 형사상 불리한 진술 강요당하지 않을 권리(헌법 제12조 제2항)를 불완전하게 할 우려가 있다"는 등의 이유였다. 2016년 3월 31일 헌법재판소는 성매매를 한 사람에 대한 처벌을 규정한 '성매매 알선 등 행위의 처벌에 관한 법률' 제21조 1항에 대해 재판관 6 대 3의 의견으로 합헌 결정하였다. 이는 처음으로 성매매 여성이 처벌의 위헌성을 주장한 것이어서 관심이 집중되었다. 공개변론에서 찬반 격론이 벌어지고, 헌법재판소 재판관 간에도 다양한 의견이 분출하였다. 헌법재판소 결정의 가장 큰 쟁점은 '자발적 생계형 성매매' 처벌 여부이다. 개인의 성적 자기결정권, 평등권, 직업선택권과 같은 기본권을 어느 정도 인정할 것인지에 논의가 집중되었다.

헌법재판소는 "건전한 성 풍속과 성도덕이라는 공익적 가치가 성적 자기결정권 등과 같은 기본권 제한의 정도에 비해 결코 작다고 볼 수 없다"고 판단하였다. 위헌 의견을 낸 3명의 재판관은 "공익은 추상적이고 막연한 반면 기본권 침해는 중대하고 절박하다"고 보았다. 합헌 결정에는 성매매특별법이 일정한 효과를 거두고 있다는 판단도 영향을 미쳤다. "성매매 집결지를 중심으로 성매매 업소와 성판매 여성이 감소하는 추세"이고 "성매매를 처벌하지 않으면 공급이 확대되고 국민의 성도덕을 문란하게 할 가능성이 많다". 성을 사고파는 일이 불법이며 범죄라는 인식 확산에 기여하였다. 법적 논란은 정리됐지만 현행 성매매 방지 제도의 문제점 보완 필요하다. 특별법 시행 이후 집결지는 줄었지만 변종 성매매업소와 인터넷 성매매가 늘어난 '풍선효과'가 있었다. 음지의 성산업이 번창하는 데는 단속기관의 법집행 의지가 미약해서일 가능성이 있다. 성매매 여성들을 위한 교육과 주거, 직업훈련 지원을 강화해 이들이 성산업의 착취구조에서 빠져 나오게 돕는 것, 그릇된 성문화에 대한 사회인식의 변화가 시급하다.

    2004년 대법원은 성매매 피해의 국가배상을 인정하는 판결을 했다. 2002년 군산 집창촌 누전 화재 13명 선불금 받고 윤락행위 여성 도망하는 것을 막아 질식 사망한 사건에서 업주들로부터 뇌물을 수수하며 방치한 것은 경찰관 직무상 의무에 위반하여 위법하므로 국가는 배상 책임이 있다고 판결한 것이다.

['성매매특별법 12년, 어떻게 바라보아야 하는가?' 토론회 개최]

2016년 3월 헌법재판소가 자발적으로 성을 판 사람과 산 사람을 처벌토록 한 '성매매 알선 등 행위의 처벌에 관한 법률 제21조 1항'에 대해 합헌 결정을 내리자 자유경제원은 성매매특별법과 관련해, 법률을 분석하고, 어떤 관점을 가져야 하는지에 대해 논의하는 토론회를 열었다. 발제를 맡은 전동욱 변호사는 "성매매와 관련해 근본적으로 성찰해야 할 문제는 법 시행의 부작용으로 각종 변종 성매매가 성행하고 한정된 공간을 벗어나 인터넷을 통한 성매매가 미성년자를 포함, 공공연하게 이뤄지고 있고, 일부 성매매 여성들은 해외로 진출하는가 하면 원정 성매수를 떠나는 남성도 증가하고 있다"고 지적했다. "법률을 도덕의 최소한이라고 하듯 도덕에 맡겨두어야 할 영역까지 함부로 침해해서는 안된다. 성매매를 범죄로 보는 정책이 성매매를 감소·근절시키는데 효과적이라는 점은 입증되지 않았다. 성인이 어떤 종류의 성행위와 사랑을 하건, 그것은 개인의 자유영역이고 그것이 명백히 사회에 해악을 끼칠 때만 법률로 규제하면 충분하다"는 의견을 밝혔다. 류여해 수원대 교수는 네델란드의 사례를 들며 "성매매가 자유롭게 허용된다고 해서 그 나라가 정말 문란하지도 않다. 성매매에 대한 관리를 제대로 하는 것이 더 바람직하다"고 주장했다. 염건웅 명지대 교수는 "현실적으로 성매매를 강력히 규제하는 나라에서보다 성매매가 만연한 국가에서 오히려 성범죄 발생비율이 높게 나타나고 있다. 성매매가 성폭력을 예방한다거나 대다수 여성을 보호해 주고 있다는 믿음은 성폭력이 발생하는 원인은 모른 채 갖게 되는 막연한 환상이고, 성매매가 오히려 강력범죄를 부추기는 요인이 될 수 있다. 장기적으로 가정에서 생기는 가정폭력, 아동학대 등을 바로 잡아야 우리 사회의 강력범죄와 성범죄를 막을 수 있다"고 강조했다. 황대성 건국대 교수는 "헌법재판소는 혼인빙자간음죄와 간통죄에 대해 성적 자기결정권의 침해 등을 이유로 위헌 결정을 한 바 있다. 현행 성매매 처벌법 관련 규정 또한 위헌 소지가 많은 만큼 폐지되어야 한다"고 주장했다. 황성욱 변호사는 "도덕은 시대와 사회에 따라 다르며 개인과 사회가 판단할 문제이지 국가가 관여하는 것은 자유주의 이념에 맞지 않다. 도덕적 근거를 내세워 성매매 특별법을 합헌으로 결정하는 것은 사법적 판단이 아니다"라고 비판했다. 황변호사는 "헌재는 이미 성적 자기 결정권에 대해 자유주의적 관점으로 판시한 바 있다. 성매매 특별법 합헌은 헌재 판결의 일관성에도 어긋나고 간통제의 역사처럼 향후 위헌판결을 받을 개연성이 농후하다"고 평가했다.

5. 가정폭력

1) 가정폭력의 의의

가정폭력은 가족 구성원, 즉 배우자(사실상 혼인관계에 있는 자를 포함) 또는 배우자 관계에 있던 자, 자기 또는 배우자와 직계 존비속(사실상의 양친자관계를 포함) 관계에 있거나 있었던 자, 계부모와 자의 관계 또는 적모와 서자의 관계에 있거나 있었던 자, 동거하는 친족관계에 있는 자 사이의 신체적, 정신적 또는 재산상의 피해를 수반하는 행위를 말한다(가정폭력 범죄의 처벌 등에 관한 특례법 제2조 제1,2호). 종래 가정폭력 문제에 대하여는 되도록 개입하지 않았던 것이 사법기관의 관행이었다. 그러나 가정폭력으로 인한 피해가 속출하고, 그것이 사회문제로 대두하자, 여성단체를 중심으로 가정폭력 방지법 제정 움직임이 일어났다. 여성단체들의 꾸준한 입법운동의 결과 가정폭력범죄의 처벌 등에 관한 특례법과 가정폭력방지 및 피해자 보호 등에 관한 법률로 분리 입법되었다. 이 두 법률을 일반적으로 가정폭력특별법이라 한다.

2) 가정폭력범죄의 처벌 등에 관한 특례법의 주요 내용

가정폭력 범죄를 알게 된 때는 누구든지 이를 수사기관에 신고할 수 있다(제4조 제1항). 일정한 경우에는 신고를 의무화하고 있다(제4조 제2,3항). 진행 중인 가정폭력 범죄에 대해 신고를 접수한 사법경찰관리는 즉시 현장에 임하여 가정폭력에 대해 응급조치를 할 수 있다. 즉 폭력이 발생한 현장에 출동해 폭력행위를 진압하고 임시조치를 한다. 검사는 사법경찰관의 응급조치에도 불구하고 가정폭력행위가 재발될 우려가 있을 경우 가정법원에 임시조치를 청구할 수 있다. 임시조치에는 피해자 가정 구성원의 거주공간에서 가해자를 2월 이내 격리하는 것, 피해자의 주거·직장 등에서 100m 이내 접근을 2월 이내 금지하는 것, 피해자 또는 가정 구성원에 대한 전기 통신을 이용한 접근을 2월 이내 금지하는 것, 의료기관 요양소에 위탁, 경찰관서 유치장 구치소에 1월 이내 유치하는 것이 있다.

  법원의 보호처분에는 6월 이내 피해자의 접근 제한, 전기통신을 이용한 접근 제한, 행위자가 친권자인 경우 6월 이내 행사 제한, 200시간 이내 사회 봉사 수강 명령, 6월 내 보호 관찰, 보호 시설에의 감호 위탁, 의료기관에 치료위탁, 상담위탁이 있다. 보호처분을 위반할 경우에는 2년 이하의 징역이나 이천만원 이하의 벌금, 구류에 처할 수 있다. 또한 가정폭력으로 인한 물적 피해, 치료비, 합의 배상액, 부양료 등에 대해 법원에 배상명령을 신청할 수 있다.

3) 가정폭력방지 및 피해자 보호 등에 관한 법률의 주요 내용

  가정폭력피해자를 보호하기 위해 일시보호, 치료비 지원과 직업훈련 및 법률 자문, 소송 등의 무료법률 구조 지원, 피해자 치료 회복 프로그램을 통한 심리회복 상담도 마련하고 있다. 보호시설에서는 최장 9개월 동안 숙식을 제공하며 퇴소 후 그룹 홈을 운영하도록 지원한다. 또한 상담조건부 기소유예제도는 관련 상담소에서 성실히 상담받는 것을 조건으로 기소 유예하는 제도로서 상담을 통해 부부간 중재·화해를 도출하게 된다.

6. 성전환자의 문제

1) 성전환의 개념

  성전환증 환자는 출생 시 확인된 성이 자신의 진정한 성이 아니라고 확신하면서 적어도 2년 이상 다른 성의 역할을 함과 동시에 외부성기로 표현된 신체의 성을 혐오하여 이를 제거, 변경하는 등의 방법으로 반대 성을 얻으려는 강한 심리적 상태에 놓여 있는 자를 말한다. 성전환자란 정신적 성과 신체적 성의 부조화로 성전환수술을 받은 자를 포함하나 법적 성전환을 인정하는 대상은 성전환수술을 받은 자만을 말한다. 본격적인 성전환 수술은 1930년대 유럽을 중심으로 시작되었는데 성전환을 전문으로 다룬 단행본이 출간된 것은 훨씬 후인 1960년대 미국에서였다. 헤리 벤자민은 1966년 발표한 '성전환 현상'에서 성전환 의학 패러다임을 제시하였다. 1960년대 후반은 미국에서 성전환 이론만이 아니라 수술도 본격적으로 시작된 시기이다. 1966년 존스 홉킨스 대학 부설 병원에 젠더 크리닉이 개설되면서 미국에서도 공식적으로 성전환 수술 시대가 열린다. 1980년대로 넘어 오면서 대학부설 병원의 젠더 클리닉 대신 사설 젠더 클리닉이 성행한다. 성전환 수술은 해리 벤자민의 책이 출판된 이래 의학계 내에서는 물론 여성주의자 사이에서도 많은 논란을 야기했다. 1990년대 초 트랜스젠더가 각광을 받게 된 까닭은 그것이 함축하는 탈병리화와 탈성애화에서 찾을 수 있을 듯 하다. 트랜스젠더는 단지 개인적인 정체성에 머무르지 않고 정치적으로 동원 가능한 범주로 전개되기에 이른다. 영미권에서 태동한 트랜스젠더 개념을 무분별하게 적용하는 것도 경계해야 하지만 이미 영미권 사회 밖에서 트랜스젠더라는 표현이 유통되고 있는 경우 그 의미와 사용처를 영미권의 논의로 환원시키지 않도록 유의해야만 한다. 한편 우리 가정법원은 성별변경의 확인의 요건으로서 성전환자일 것, 전환수술을 통하여 성적 외관이 반대의 성으로 명백히 변경되었을 것, 장래 성인식의 재전환 가능성이 없을 것이라는 점에 대한 상당한 정도의 개연성이 있을 것, 성년자로서 피성년후견인, 피한정후견인이 아닐 것, 혼인관계에 있지 아니할 것을 요구하고 있다.

2) 성전환증의 원인 및 성별기준

① 성전환증의 원인

성전환증의 원인에 대해서 명확히 밝혀지지 않았으나 태아신경계층 발달에 산전 성호르몬의 영향을 받거나 산후 사회 및 정신적 영향이 그 원인이 되는 것으로 본다. 그래서 어릴 때 자기를 돌보는 부모의 태도, 양육방법 및 부모와의 부정적인 관계 등 생물학적 원인보다는 심리적, 정신적 요인에 좌우된다고 보고 있다. 의학계에서는 성전환증의 진단을 받고 치료를 계속 하여도 증세가 치유되지 않는 사람은 성전환

수술로서 자신이 귀속되고자 원하는 성에 일치하는 외부 성기와 외관을 형성시켜줄 수밖에 없다고 한다. 성기수술은 복원이 불가능하므로 정신과 진단 및 호르몬 치료를 받고 반대의 성으로 정신적·사회적 적응이 이루어진 사람에 한하여 엄격한 진단 아래 최후의 방법으로 시술하고 있다.

② 성별기준

성을 구별하는 기준으로 성별은 성염색체로 구별한다는 성염색체설과 생물학적 성별기준은 성염색체에 의하나 법적 성별은 생물학적 성별 이외에 사회의 의식이나 역할도 중시하는 성역할설이 있다. 대법원은 "종래에는 사람의 성을 성염색체와 이에 따른 생식기·성기 등 생물학적 요소에 따라 결정하여 왔으나 근래에 와서는 생물학적 요소뿐만 아니라 개인이 스스로 인식하는 남성 또는 여성으로의 귀속감 및 개인이 남성 또는 여성으로서 적합하다고 사회적으로 승인된 행동·태도·성격적 특징 등의 성 역할을 수행하는 측면, 즉 정신적·사회적 요소들 역시 사람의 성을 결정하는 요소 중의 하나로 인정받게 되었으므로 성의 결정에 있어서 생물학적 요소와 정신적·사회적 요소를 종합적으로 고려하여야 한다."고 하였다(대판 2006.6.22, 2004스42 전원합의체 결정).

3) 성별 정정

성전환자의 성별 정정문제는 헌법 분야에서는 인간다운 생활을 할 권리, 행복추구권, 직업선택의 자유 등 문제가, 가족법 분야에서는 결혼, 이혼, 친자관계 등 문제가, 형법분야에서는 강간죄의 성립 여부, 성전환수술의 상해죄 성립여부, 교도소 등에서 성전환자 처우문제 등이 제기될 수 있다. 몇몇 지방법원에서는 성전환자의 호적상 성별갱신을 허용한 바 있다. 그간 성별기준을 '성염색체 형태'를 주요기준으로 삼아 성전환자의 성별정정은 거의 이루어지지 않았다. 간혹 이루어진다고 하더라도 법원 또는 담당판사에 따라서 그 결정내용을 달리해 왔다. 대법원은 1심과 2심에서 호적정정신청이 불허된 성전환자 3명의 신청사건에 대한 판단을 위해 의학계인사와 종교계인사를 1명씩 초청하여 의견을 들었고 마침내 성전환자가 신청한 호적정정과 개명을 허용하는 판단을 내렸다. 대법원은 "성전환자에 해당함이 명백한 사람에 대하여 호적법 제120조에서 정한 절차에 따라 성별을 정정하는 호적정정이 허가되고 그에 따라 전환된 성이 호적에 기재되는 경우에 호적정정 허가는 성전환에 따라 법률적으로 새로이 평가받게 된 현재의 진정한 성별을 확인하는 취지의 결정이므로 호적정정허가 결정이나 이에 기초한 호적상 성별란 정정의 효과는 기존의 신분관계 및 권리의무에 영향을 미치지 않는다고 해석함이 상당하다"고 하면서 전환된 성과 호적의 성별란의 기재를 일치시킴으로써 호적기재가 진정한 신분관계를 반영할 수 있도록 하는 것이 입법 취지에 합치되는 합리적인 해석이라고 보았다.

VI. 노동관계에서의 법과 여성

1. 여성과 가사노동

　가사노동이란 가족이 가정생활을 영위하는데 필요로 하는 노동으로서 가정의 기능을 유지하고 원활하게 하기 위하여 하는 활동을 말한다. 그동안 가사노동을 임금노동의 기준인 효율성이나 경제성, 생산성에 입각해 파악함으로써 고유한 가치를 평가하는데 소홀히 한 경향이 있었다. 가사노동에 대한 가치를 어떻게 인정할 것인가에 대해서는 다양한 견해가 제시되었다. 인간생활에 필수적이지만 비생산적 노동으로 보는 견해, 임금노동과 다르지만 보충적 노동으로 보는 견해, 생산적 노동으로 보는 견해 등이다.
　최근 판결에 의하면 전업주부로서 보통 20년 정도 결혼생활을 한 경우에 40%를 초과한 재산분할비율을 인정한 사건이 대다수이다. 이는 과거에 비해 전반적으로 더 높은 재산분할비율을 인정한 것으로, 재산분할시 여자의 가사노동의 경제적 가치가 전보다는 더 높게 평가되는 것이라고 할 수 있다. 그러나 여전히 실무상 여자의 가사노동의 경제적 가치는 남자의 취업노동보다 낮게 평가되고 있다. 가사노동은 여성의 전담물이 아니라 가족 모두 공동으로 나눠야 할 노동으로 인식하는 의식 변화와 가사노동의 법률, 세제 등의 개선으로 가사노동의 가치가 정당하게 평가되도록 제도 개선이 필요하다.

2. 근로기준법과 여성노동자의 보호

1) 여성근로자의 사용금지

근로기준법은 제5장에서 여성 근로자에 대한 특별한 보호에 관해 규정하고 있다. 여성근로자는 모성보호 및 가정과 직장생활의 조화 측면에서 보호할 필요가 있다. 모성보호란 여성근로자가 임신, 출산, 수유 등 남자에게 없는 모성기능을 갖고 있기 때문에 특별히 행해지는 제반 보호조치를 말한다. 여성에 대해 사용금지 직종을 광범위하게 지정하는 것은 여성을 보호한다는 당초 취지와 달리 여성 취업기회를 제한하는 결과가 되기 때문에 축소하였다. 모성보호를 위해 '갱내 근로의 금지'가 있다. 여성과 18세 미만인 자는 갱내에서 근로를 시키지 못한다. 사용자가 근로기준법 제65조에 위반해 유해·위험한 업무에 여성을 사용한 경우는 3년 이하의 징역 또는 2,000만원 이하의 벌금에 처한다(근로기준법 제109조).

2) 임신과 출산보호

① 생리휴가
여성근로자에게 대한 생리휴가는 월 1일이며 분할·통합사용은 불가능하고 사전 통보 없이 사용할 수 없다. 생리휴가는 여성의 생리일에 주어지는 휴가이므로 여성 근로자라 하여도 고령 등으로 생리가 없거나 임신 때문에 일시적으로 중단된 자는 생리휴가를 받을 수 없다. 사업주가 지정하는 것은 금지되며 생리휴가는 무급 휴가이다.

② 임신 중 여성에 대한 시간 외 근로금지와 쉬운 근로에의 전환
임산부(출산 후 1년까지) 보호를 위해 야간·휴일 근로는 금지되나 임신 여성이 명시적으로 청구하고 고용노동부 장관이 인가할 경우에는 가능하다. 임산부가 쉬운 근무로 전환해 줄 것을 요구할 경우 사용자는 전환해 주어야 한다. 임산부에게는 시간외 근로를 시킬 수 없고 보건·도덕상 해롭거나 위험한 사업에 투입이 금지되며 정기 건강진단에 필

VI. 노동관계에서의 법과 여성

1. 여성과 가사노동

　가사노동이란 가족이 가정생활을 영위하는데 필요로 하는 노동으로서 가정의 기능을 유지하고 원활하게 하기 위하여 하는 활동을 말한다. 그동안 가사노동을 임금노동의 기준인 효율성이나 경제성, 생산성에 입각해 파악함으로써 고유한 가치를 평가하는데 소홀히 한 경향이 있었다. 가사노동에 대한 가치를 어떻게 인정할 것인가에 대해서는 다양한 견해가 제시되었다. 인간생활에 필수적이지만 비생산적 노동으로 보는 견해, 임금노동과 다르지만 보충적 노동으로 보는 견해, 생산적 노동으로 보는 견해 등이다.

　최근 판결에 의하면 전업주부로서 보통 20년 정도 결혼생활을 한 경우에 40%를 초과한 재산분할비율을 인정한 사건이 대다수이다. 이는 과거에 비해 전반적으로 더 높은 재산분할비율을 인정한 것으로, 재산분할시 여자의 가사노동의 경제적 가치가 전보다는 더 높게 평가되는 것이라고 할 수 있다. 그러나 여전히 실무상 여자의 가사노동의 경제적 가치는 남자의 취업노동보다 낮게 평가되고 있다. 가사노동은 여성의 전담물이 아니라 가족 모두 공동으로 나눠야 할 노동으로 인식하는 의식 변화와 가사노동의 법률, 세제 등의 개선으로 가사노동의 가치가 정당하게 평가되도록 제도 개선이 필요하다.

2. 근로기준법과 여성노동자의 보호

1) 여성근로자의 사용금지

근로기준법은 제5장에서 여성 근로자에 대한 특별한 보호에 관해 규정하고 있다. 여성근로자는 모성보호 및 가정과 직장생활의 조화 측면에서 보호할 필요가 있다. 모성보호란 여성근로자가 임신, 출산, 수유 등 남자에게 없는 모성기능을 갖고 있기 때문에 특별히 행해지는 제반 보호조치를 말한다. 여성에 대해 사용금지 직종을 광범위하게 지정하는 것은 여성을 보호한다는 당초 취지와 달리 여성 취업기회를 제한하는 결과가 되기 때문에 축소하였다. 모성보호를 위해 '갱내 근로의 금지'가 있다. 여성과 18세 미만인 자는 갱내에서 근로를 시키지 못한다. 사용자가 근로기준법 제65조에 위반해 유해·위험한 업무에 여성을 사용한 경우는 3년 이하의 징역 또는 2,000만원 이하의 벌금에 처한다(근로기준법 제109조).

2) 임신과 출산보호

① 생리휴가
여성근로자에게 대한 생리휴가는 월 1일이며 분할·통합사용은 불가능하고 사전 통보 없이 사용할 수 없다. 생리휴가는 여성의 생리일에 주어지는 휴가이므로 여성 근로자라 하여도 고령 등으로 생리가 없거나 임신 때문에 일시적으로 중단된 자는 생리휴가를 받을 수 없다. 사업주가 지정하는 것은 금지되며 생리휴가는 무급 휴가이다.

② 임신 중 여성에 대한 시간 외 근로금지와 쉬운 근로에의 전환
임산부(출산 후 1년까지) 보호를 위해 야간·휴일 근로는 금지되나 임신 여성이 명시적으로 청구하고 고용노동부 장관이 인가할 경우에는 가능하다. 임산부가 쉬운 근무로 전환해 줄 것을 요구할 경우 사용자는 전환해 주어야 한다. 임산부에게는 시간외 근로를 시킬 수 없고 보건·도덕상 해롭거나 위험한 사업에 투입이 금지되며 정기 건강진단에 필

요한 시간을 청구할 수 있다.

③ 산전후 휴가와 유사산휴가

근로기준법이 적용되는 여성근로자라면 누구라도 출산전후휴가를 사용할 수 있다. 사용자는 임신 중의 여성에게 출산 전과 출산 후를 통하여 90일(한 번에 둘 이상 자녀를 임신한 경우에는 120일)의 출산전후휴가를 주어야 한다. 이 경우 휴가 기간의 배정은 출산 후에 45일(한 번에 둘 이상 자녀를 임신한 경우에는 60일) 이상이 되어야 한다. 이는 포기할 수 없으며 출산 후 30일 이내에 배우자에게 3~5일 휴가를 준다. 2005년 근로기준법 개정에 의해 동법 제74조 제3항에서는 "사용자는 임신 중인 여성이 유산 또는 사산한 경우로서 그 근로자가 청구하면 대통령령으로 정하는 바에 따라 유산·사산 휴가를 주어야 한다. 다만 인공 임신중절 수술에 따른 유산의 경우는 그러하지 아니하다."고 규정하여 종래 행정해석에 의해 인정되던 유산 또는 사산한 경우의 휴가를 법률에 명시하고 있다. 정상적인 출산이 아닌 유산 또는 사산의 경우에도 여성근로자에게 상당한 기간 동안 근로를 면제함으로써 산모의 건강을 보호하기 위한 것이다. 임신 16주 이후 유산 또는 사산한 근로자가 휴가신청서에 진단서를 첨부하여 유·사산휴가를 청구하는 경우에 사용자는 휴가를 청구한 근로자의 임신기간에 따라 휴가를 주어야 한다. 사용자가 여성근로자에게 산전후휴가 또는 유·사산휴가를 주지 않은 때에는 2년 이하의 징역 또는 1,000만원 이하의 벌금에 처해진다(근로기준법 제110조 제1항). 출산 시 임금을 비상 지급할 수 있고 생후 1년 미만의 유아를 가진 여성 근로자가 청구할 경우 1일 2회 각 30분 유급 수유시간을 주어야 한다.

④ 산전후휴가와 원직 복귀

사업주는 출산전후휴가 종료 후에는 휴가 전과 동일한 업무 또는 동등한 수준의 임금을 지급하는 직무에 복귀시켜야 한다(근로기준법 제74조 제6항). 산전후휴가로 인해 여성근로자에게 업무 또는 직무에 대한 불이익이 없도록 2008년 3월 근로기준법 개정에서 도입되었다. 산전·후 휴가기간 중의 여성은 노동능력을 상실하여 다른 직장을 구하기 어렵고 다른 직장을 구한다 해도 정상적인 근로를 할 수 없고 그 기간 동안 여성근로자가 해고될 경우 정신적 고통이 더욱 가중될 것이 예상된다. 근로기준법에서는 이를 감안해 비록 정당한 해고 사유가 있을 지라도 그 기간의 해고를 제한하였다.

3) 근로시간 보호

사용자는 18세 이상의 여성을 오후 10시부터 오전 6시까지의 시간 및 휴일에 근로시키고자 하는 경우에는 그 근로자의 동의를 얻어야 한다(근로기준법 제70조 제1항). 사용자는 산후 1년이 지나지 아니한 여성에 대하여는 단체협약이 있는 경우라도 1일 2시간, 1주일에 6시간, 1년에 150시간을 초과하는 시간외 근로를 시키지 못한다(근로기준법 제71조).

임신 중인 여성근로자에게는 탄력적 근로시간이 제한된다. 탄력적 근로시간이란 2주 이내 일정한 단위기간을 평균해 1주간 근로시간이 40시간을 초과하지 않는 범위에서 특정한 주에 40시간을, 특정한 날에 8시간을 초과하여 근로할 수 있으며 다만 특정한 주의 근로시간은 48시간을 초과할 수 없도록 하는 변형된 근로시간제이다.

3. 고용에 있어서 남녀 평등

근로기준법은 제6조에서 사용자가 근로자에 대하여 남녀의 차별적 대우를 하지 못한다고 규정하고 있다. 성차별 제외 사유로서는 직무의 성격에 비추어 특정 성이 불가피하게 요구되는 경우, 여성 근로자의 임신·출산·수유 등 모성 보호를 위한 조치를 하는 경우, 그 밖에 이 법 또는 다른 법률에 따라 적극적 고용개선 조치를 하는 경우가 있다. 1999년 헌법재판소는 제대군인에게 공무원 시험 등에서 가산점을 부여하는 것은 여성, 장애인에 대한 차별이므로 헌법에 규정한 평등원칙에 위반되어 무효라고 결정하였다. 여성의 용모채용기준이 성 차별 금지에 위반되는지가 문제가 되었다. 1993년 44개 대기업이 여자 상업학교에 졸업생 채용추천을 의뢰하며 '신장 160cm 이상, 몸무게 50kg 이하이고 안경 쓰지 않았을 것'을 요구하였다. 동일직종 동일 학력을 채용하는 남성에게는 이러한 용모 채용기준을 요구하지 않은 8개 기업은 100만원에 약식 기소되었다. 이유는 여성을 성적 대상화, 고용상 불평등과 불이익 초래한다는 것이다. 1995년 법이 개정됨으로써 채용에 용모·키·체중 등 신체적 조건이나 미혼 조건을 요구할 수 없도록 하였다.

4. 임금에서의 차별금지

남녀고용평등 및 일·가정 양립지원에 관한 법 제8조 제1항은 "사업주는 동일한 사업내의 동일 가치의 노동에 대하여는 동일한 임금을 지급하여야 한다."고 규정하고 있다. 동일가치노동은 당해 사업장 내의 서로 비교되는 남녀간의 노동이 동일하거나 실질적으로 거의 같은 성질의 노동 또는 그 직무가 다소 다르더라도 객관적인 직무 평가 등에 의해 본질적으로 동일한 가치가 있다고 인정되는 노동을 말한다.

직무수행에서 요구되는 기술은 자격증, 학위, 습득된 경험 등에 의한 직무수행능력 또는 솜씨의 객관적 수준이다. 노력은 육체적 및 정신적 노력, 작업수행에 필요한 물리적 및 정신적 긴장, 즉 노동 강도를 말하고 책임은 업무에 내재한 의무의 성격 범위 복잡성, 사업주가 당해 직무에 의존하는 정도이며, 작업조건은 소음, 열, 물리적·화학적 위험, 고립, 추위 또는 더위의 정도 등 당해 업무에 종사하는 근로자가 통상적으로 처하는 물리적 작업환경을 말한다.

한국통신 여성전화교환원 김영희씨 사건에서 대법원은 다른 직종보다 12년 낮은 43세의 정년을 규정한 인사규정이 무효라고 판결하였다. 1심에서는 원고가 패소하였는데 김영희씨가 노조 간부였음에도 불구하고 노조위원장이 인사규정은 위원장 추인사항으로 유효하다고 주장하였다. 1988년 대법원이 원심을 파기 환송하였는데 노사간 단체협약으로 추인 받았어도 노화에 따른 남녀간 노동수행능력 감퇴 정도에 차이가 없다는 것이 그 이유였다. 이 판결은 '종중원 지위 인정'과 함께 건국 후 한국을 바꾼 시대의 판결 12건 중 하나로 평가되었다. 그렇지만

1996년 대법원은 58세 보다 5세 낮은 정년 차등을 두는 것은 가능하다고 판결해 학계의 많은 비판을 받았다.

알리안츠 생명보험에서 부부사원 중 1인의 명예퇴직기준에 따른 여성의 집단퇴직을 시킨 사건에 대해 2001년 서울 고등법원과 2002년 대법원은 부당해고라고 판결한 바 있다.

5. 일과 가정의 양립

육아의 문제는 남녀의 공동책임이다. 육아휴직급여신설로 육아에 대한 사회적 책임을 공동 부담하도록 하였다. 육아휴직은 1년 이상 근무한 자가 만 8세 이하 초교 2학년 자녀를 양육하기 위해 신청하는 휴직이고 1년 이내이고 근속기간에 포함된다. 육아휴직은 무급이 원칙이나 고용보험기금에서 통상임금의 40%를 정률로 지급하고 있다. 육아휴직을 이유로 해고나 그 밖의 불리한 처우를 해서 안되고 육아휴직기간에는 그 근로자를 해고 못한다. 육아휴직을 마친 후에는 휴직 전과 같은 업무 또는 같은 수준의 임금을 지급하는 직무에 복귀시켜야 한다.

육아기 근로시간 단축제도는 육아휴직으로 인한 근로자들의 경력단절 방지와 업무숙련도 마모 방지, 소득감소 완화, 고용의 영속성 보장 등을 목적으로 둔 제도로서 단축 후 근로시간을 주당 15시간 이상 30시간 이하로 할 수 있다.

2008년 헌법재판소에 남성 단기 복무 장교가 육아휴직을 허용하지 않는 것에 대해 헌법소원을 제기했지만 7명이 합헌으로 결정했는데 성별에 의한 차별이 아니라 의무복무군인과 직업군인이라는 복무형태에 따른 차별이라고 보았다. 합헌론과 위헌론은 공통적으로 자녀의 양육에 관하여 부모가 국가의 지원을 요구할 수 있는 권리를 가지고 그 권리는 「헌법」 제36조제1항 등의 헌법적 근거를 가진다는 것을 인정하였다. 그런데 육아휴직 신청권에 대해서는 합헌론은 입법자가 입법의 목적, 수혜자의 상황, 국가예산, 전체적인 사회보장 수준, 국민정서 등 여러 요소를 고려하여 제정하는 입법에 적용요건, 적용대상, 기간 등 구체적인 사항이 규정될 때 비로소 형성되는 법률상의 권리라고 규정하고, 육아휴직제도의 전면적 실시에 따른 국가부담의 증가, 장기의무복무군인 사이의 형평성, 국방력의 유지 등 국가가 추구하는 다른 정책적 목표를 고려하여, 국가가 단기복무 남성군인에게 육아휴직을 인정하지 않은 것이 양육권을 최소한 보장하여야 할 의무를 불이행한 것으로 볼 수 없다고 판단하였다. 반면, 위헌론은 단기 의무복무군인이라는 이유만으로 육아휴직을 허용하지 않은 것은 사회권적 기본권으로서의 양육권의 보장을 위하여 국가가 객관적으로 필요한 최소한의 조치를 다하였다고 볼 수 없다고 판단하였다.

6. 직장 내 성희롱

1) 직장 내 성희롱의 의의

직장 내 성희롱은 사업주·상급자·근로자가 직장 내 지위를 이용, 업무와 관련해 다른 근로자에게 성적 언동 등으로 성적 굴욕감 또는 혐오감을 느끼게 하거나 성적 언동 또는 그 밖의 요구 등에 따르지 않았다는 이유로 고용상 불이익을 주는 것이다.

우모 조교는 1993년 10월 서울대 실험실 계약직 조교로 근무하였는데 재임용에서 탈락하였다. 우조교는 재임용 거부가 남성교수의 잦은 신체적 접촉과 데이트 신청 등 불쾌한 성적 요구를 거부한 탓이라고 주장하며 성희롱에 의한 불법행위를 원인으로 한 손해배상소송을 제기하였다. 6년 후 대법원에서 조교 재임용 거부와 관련하여 일부 승소 판결을 받게 되었다. 이 사건 이후 처음으로 우리나라에서도 성희롱을 일반 민사불법행위의 한 유형으로 인정하여 민사적 손해배상의 대상이 됨을 명백히 하였다. 여성단체의 적극적인 입법운동으로 '성희롱'이 성을 이유로 하는 정당한 근거 없는 차별의 유형임을 1999년 제정된 남녀차별금지및구제에관한법률에서 명백히 하였다. 남녀고용평등법도 1999년 성희롱에 대한 정의를 신설하여 제2조 제2항에서 직장내 성희롱을 금지하였다.

성폭력은 성을 매개로 해 상대방 의사에 반해 이루어지는 모든 가해

행위로서 성희롱, 성추행, 성폭행을 모두 포함한다. 성추행(강제 추행)은 폭행·협박을 수단으로 추행을 하는 것으로서 상대방의 뜻에 반하는 물리적 행사이기만 하면 성립한다. 시행규칙에 의한 판단 기준은 "피해자의 주관적 사정을 고려하되 사회통념상 합리적인 사람이 피해자의 입장이라면 문제가 되는 행동에 대하여 어떻게 판단하고 대응하였을 것인가를 함께 고려하여야 하며 결과적으로 위협적·적대적인 고용환경을 형성하여 업무능률을 떨어뜨리게 되는지"를 검토해야 한다. 성립요건은 행위자와 피해자 요건의 충족, 직장 내 지위 이용 또는 업무와의 관련성 유지, 성적인 말이나 행동, 성적 굴욕감 또는 혐오감 유발, 성적 요구 불응을 이유로 한 고용상 불이익이다.

2) 직장 내 성희롱의 유형

유형은 육체적 성희롱으로서 입맞춤, 신체부위를 만지는 행위, 애무 강요가 있다. 언어적 성희롱으로서 음란한 농담, 외모에 대한 성적 비유나 평가, 성적 관계를 강요하거나 회유하는 행위, 성적 사실 관계를 묻거나 성적 내용의 정보 확산, 회식 자리 등에서 무리하게 옆에 앉혀 술을 따르도록 강요하는 행위가 있다. 시각적 성희롱으로서 음란 사진 그림 게시, 성과 관련된 특정 신체 부위의 고의 노출 등이 있다.

3) 사업주의 의무

① 직장 내 성희롱 고충처리
사업주는 성희롱과 관련한 고충처리기관이나 절차를 마련해야 한다. 사업주는 고객 등 업무와 밀접한 관련이 있는 자가 업무수행과정에서 성적인 언동 등을 통하여 근로자에게 성적 굴욕감 또는 혐오감 등을 느끼게 하여 해당 근로자가 그로 인한 고충 해소를 요청할 경우 근무장소 변경, 배치전환 등 가능한 조치를 취하여야 한다.

② 성희롱 행위자에 대한 징계 조치

　사업주는 직장 내 성희롱 행위자에 대해 성희롱의 정도, 지속성 등을 감안하여 경고, 견책, 정직, 휴직, 전직, 대기발령, 해고 등의 적절한 징계 조치를 내려야 한다. 이를 위반하는 경우에는 사업주는 오백만원 이하의 과태료에 처한다. 또한 징계조치 및 절차에 대하여 사전에 취업규칙이나 사내 규칙, 단체협약 등에서 규정하는 것이 바람직하다.

③ 성희롱 피해자에 대한 불이익조치 금지

　사업주는 근로자가 성희롱에 대한 고충 해소 요청에 따른 피해를 주장하거나 고객 등으로부터의 성적 요구 등에 불응한 것을 이유로 해고나 그 밖의 불이익한 조치를 하여서는 아니 된다.

④ 성희롱 예방교육

　사업주는 직장 내 성희롱을 예방하고 근로자가 안전한 근로환경에서 일할 수 있는 여건을 조성하기 위하여 직장 내 성희롱의 예방을 위한 교육을 실시하여야 한다. 사업주 및 근로자는 성희롱 예방교육을 받아야 한다. 특히 사업주는 직장 내 성희롱 예방을 위한 교육을 연1회 이상 하여야 한다. 성희롱 예방 교육은 사업의 규모나 특성 등을 고려하여 직원연수·조회·회의, 인터넷 등 정보통신망을 이용한 사이버 교육 등을 통하여 실시할 수 있다.

4) 직장 내 성희롱 대처방법

① 거부 의사 표지와 중지 요청

　피해자는 성희롱 행위에 대한 거부 의사를 분명히 밝히고 적극적으로 행위의 중지를 요청하여야 한다.

② 회사 내 노사협의회 등 기관 신고

　그럼에도 불구하고 성희롱 행위가 계속되면 회사 내 노사협의회, 명예고용평등 감독관등 고충처리기관에 신고하여 적절한 조치가 이루어지도록 하여야 한다.

③ 고용노동부에 진정 또는 고소·고발

사업주가 직장 내 성희롱 예방교육, 성희롱 행위자에 대한 조치, 피해 근로자에 대한 고용상 불이익 금지 등을 지키지 않을 경우 사업장 소재 지방 고용노동관서에 진정이나 고소·고발을 할 수 있다. 진정이나 고발의 경우에는 피해 당사자뿐만 아니라 범죄사실을 알고 있는 제3자도 가능하다. 지방 고용노동관서의 장은 관련 법령 위반에 대한 조사 후 위법행위에 대하여 즉시 시정을 지시하여야 하고, 시정하지 아니할 경우에는 과태료를 부과하거나 입건 수사를 하여야 한다.

④ 국가인권위원회 진정

국가인권위원회에 진정하려면 국가인권위원회 홈페이지에서 진정 서류를 내려 받아 직접 또는 인터넷으로 신청하면 된다. 신청이 접수되면 상담 조사관이 조사하고 그 결과 성희롱으로 결정되면 시정권고를 한다. 그러나 시정권고는 강제력이 없기 때문에 가해자에 대한 형사처벌을 원할 경우 고소 등 형사법적 조치를 취해야 한다. 강제추행 및 강간 등 성범죄에 해당할 경우에는 형사 고소할 수 있다. 언어적 행동의 성희롱은 명예훼손, 모욕죄에 해당할 수 있다.

⑤ 민사소송 제기

민사소송을 통해 사업주와 성희롱 행위자를 상대로 물질적·정신적 고통 등에 대한 손해배상을 청구할 수 있다.

그밖에도 노동위원회에 구제신청, 민간단체 고용평등상담실 활용등의 방법이 있다. 서울대 우모조교 사건에서 성희롱으로 인해 피해자가 입은 정신적 손해배상 책임을 긍정한 바 있다.

5) 주요 판례

① L호텔 사건

2002년 서울지방법원은 L호텔 성희롱사건 판결에서 외형상 객관적으로 사용자의 사업 활동 내지 사무집행 행위뿐만 아니라 행위과정이 사업주의 지배 관리 하에 있다고 볼 수 있는 이상 관련된 것에 포함된다고 하였다. 사건의 발단은 2000년 7월 여직원 327명이 직장상사에게 성희롱을 당했다고 고용노동부에 진정서를 냈고 조사를 담당한 서울지방 고용노동청은 호텔 측에 가해자를 징계하도록 하였다. 호텔은 통보한 임직원 32명 중 21명을 징계하였다. 재판부는 회사 임원이 회식 자리에서 여직원을 성추행한 경우 그 자리에 동석한 다른 여직원이 느끼는 성적 굴욕감과 혐오감을 느끼게 했음을 인정하고 배상금 지급을 명했다. 그 이유에 대해 "사용자는 일반적으로 피용자들이 직장 내 근무시간은 물론 사용자의 지배·관리권이 미치는 야유회 등에서 부당한 성적 차별이나 희롱 등의 분위기로 인한 성적 굴욕감이나 혐오감으로 정서적·인격적으로 고통을 당하여 인격적 존엄이 훼손당하는 일이 없도록 직장 내 분위기를 항상 점검하고 관리자들로 하여금 주의하도록 교양할 의무가 있다. 특히 관광 호텔업이라는 성격상 성희롱 위험이 상존하고 있고 실제로도 종종 문제가 된 사업장을 경영하는 피고 회사로서는 부당한 성적 차별이나 희롱 등에 관하여 이를 미리 예방하기 위하여 여러 가지 조치를 강구할 한층 높은 수준의 주의의무가 있다고 할 것이어서 단순히 성희롱 예방교육을 정례적으로 실시한 것만으로써 그 의무를 다하였다고 할 수는 없다."

② 수업시간 중 교수의 언어적 성희롱 사건

교수가 수업시간에 "요즘 대학생들은 돈을 벌기 위해 난자까지 판다. 너는 얼굴이 예뻐서 난자가격이 비싸겠다.", "립스틱은 남자의 성기를 본떠서 만든 것인데, 그런 립스틱을 여자는 입술에 바르고 먹게 된다.", "아줌마 얼굴이 두꺼워진 이유는 아기 낳을 때 병원에서 이미 중요한 부분까지 다른 사람에게 보여졌기 때문인데, 아줌마들이 지하철에서 다리를 벌리고 앉는 것은 아기 낳을 때도 다리를 벌리고 낳아서 그런 것이다." 등의 발언을 하였다. 또한 시험시간에 답안을 작성하는 여학생의 한쪽 어깨에 손을 얹고 얼굴을 가까이 들이대는 등의 행위를 하여 성적 굴욕감을 느꼈다며 여학생이 국가인권위원회에 진정하였다. 2005년 9월 23일 국가인권위원회는 대학교라는 공공기관의 종사자로서 교수가 그 직위를 이용 또는 학생지도라는 업무 등과 관련하여 성희롱에 해당하는 언동을 하였다고 결정하였다. 교수에 대해서는 국가인권위원회가 실시하는 특별인권교육을 받을 것, 대학교에는 성희롱 예방교육을 철저히 실시하고 성희롱의 재발방지대책을 수립하여 시행할 것을 권고하였다. 교수의 거듭된 성적 언동에 대해 학생들이 공동대책위원회를 구성하여 유인물의 제작·배포, 현수막을 설치하는 등 공론화되면서 각종 언론매체와 인터넷에 공표됨으로써 대학교의 명예를 손상시킨 데다가 동료교수로부터 명예훼손죄로 피소되자 학교는 그 교수를 해임하였다. 교수는 교원소청심사위원회에 재심을 요청했으나 기각하자 행정소송을 제기했다. 서울행정법원(2006.7.25. 선고 2005구합39553)은 교수의 청구를 기각했는데 "대학에서 교수의 수업권은 학문의 자유로서 최대한 보장하여야 할 것이지만 그 강의내용과 방법 등이 수강하는 학생들의 인격권을 침해해 인간으로서의 존엄과 가치를 훼손하고 정신적 고통을 주는 정도라면 위법하여 허용될 수 없다"는 이유였다. "원고의 언동은 교수로서의 신분을 망각한 채 스승에게 함부로 대항하지 못한다는 교수와 학생 사이의 관계를 악용해 행해진 것으로 학생들로 하여금 성적 수치심과 혐오감이 들도록 하였다. 이러한 언동은 강의시간에 용인될 수 있는 단순한 비유 또는 유머나 다른 장소에서 행할 수 있는 친근감의 표시 내지 격려의 범위를 넘는 것으로서 학생들의 인격권과 행복추구권을 침해하는 행위"로 보았다.

③ 성희롱에 관한 사업주의 책임

부산고등법원은 2008년 여교사가 20년 연장 유부남 교사의 성적 언동으로 인해 곤란해 하던 중 부장교사에 보고했지만 아무런 조치를 취하지 않다가, 야영대회 숙소에서 강제추행 당한 사건에 대해서 부장교사의 부작위 책임을 물어 학교법인이 가해자와 연대해 손해배상을 하라고 판결한 바 있다.

④ 카드회사 지점장의 성희롱 사건

카드회사 지점장이 자신의 지휘·감독을 받는 8명의 여직원을 상대로 14회에 걸쳐 반복적으로 성희롱 행위를 한 사안에서 대법원은 성희롱으로 판결하였다. 대법원은 2008년 성희롱이 성립요건으로서 "행위자에게 반드시 성적 동기나 의도가 있어야 하는 것은 아니지만 당사자와의 관계, 행위가 행해진 장소 및 상황, 행위에 대한 상대방의 명시적 또는 추정적인 반응의 내용, 행위의 내용 및 정도, 행위가 일회적 또는 단기간의 것인지 아니면 계속적인 것인지 여부 등의 구체적 사정을 참작하여 볼 때, 객관적으로 상대방과 같은 처지에 있는 일반적이고도 평균적인 사람에게 성적 굴욕감이나 혐오감을 느낄 수 있게 하는 행위가 있고 그로 인하여 행위의 상대방이 성적 굴욕감이나 혐오감을 느꼈음이 인정되어야 한다."고 판시하였다. 성희롱행위가 사회적 인습이나 직장문화 등에 의해 문제의식 없이 이루어졌다고 하더라도 가볍게 여겨지는 것은 아니라고 판단하였다. 그리고 사용자 입장에서는 손해배상책임을 질 수도 있고 "성희롱 행위자가 징계 해고되지 않고 같은 직장에서 계속 근무하는 것이 성희롱 피해 근로자들의 고용환경을 감내할 수 없을 정도로 악화시키는 결과를 가져 올 수도 있으므로 근로관계를 계속할 수 없을 정도로 근로자에게 책임이 있다고 보아 내린 징계해고 처분은 객관적으로 명백히 부당하다고 인정되는 경우가 아닌 한 쉽게 징계권을 남용하였다고 보아서는 안된다."고 판시하였다(대판 2008. 7. 10. 2007두22498).

Ⅶ. 교육에서의 법과 여성

헌법 제31조는 "모든 국민은 능력에 따라 균등하게 교육을 받을 권리를 가진다."라고 규정하고 있고 유엔 여성차별철폐조약 제10조는 남자와 여자에게 동등한 권리를 보장하여야 한다고 규정한다. 성에 의한 분업이 인간답게 사는 것을 저해했다면 교육은 성에 의한 분업 의식의 타파를 위해 노력해 왔다.

1. 남녀 공학

남녀 공학은 성에 의한 분업의 변혁을 위해 필요하다. 여성차별철폐조약 제10조 c 도 남녀의 역할에 대한 정형화된 개념의 철폐라는 목적의 달성을 조장하는 것으로 남녀 공학을 예시한 바 있다.

여자대학은 존재이유가 있지만 성에 의한 분업을 당연시하는 하나의 사회적 기구이다. 여자대학의 존재이유로서 성차별 형태를 검토 분석하고 이를 극복하기 위한 지식 제공, 만학도에 대한 학습장소 제공으로 여성 교육에 대해 자극 부여, 여학생에 리더십을 익힐 기회의 제공, 지적 임무를 갖는 여성의 역할 모델 제공 등을 들 수 있다.

[여자대학에 대한 긍정적 입장]
여자대학은 여성에게는 의문의 여지 없이 여성이 제일급 시민인 제일급의 여자대학으로 입학하는 선택이 남아 있을 필요가 있다.
여성 지도자와 사회적 책임 있는 지위의 여성을 양성해 왔다.
여성 교수 등이 많을수록 여자학생의 배움에 대한 의욕이 높다.
여학생의 롤 모델이 되는 여성 지도자가 많다.
여학생은 여성 교수야말로 훌륭한 여성 생활태도의 본보기라 생각한다.
남녀공학의 현실은 여성은 자신의 가치관을 희생해 남성의 생활태도를 따를 수밖에 없었다. 또한 남녀 공학이라 해도 여성의 비율이 낮은 대학이 많고 여성은 자신 상실, 여성 정체성 혼란, 격심한 경쟁으로 당초 실력을 발휘하지 못하는 경험이 있다.

　이화여자대학교 법학전문대학원에 지원한 남학생이 이화여자대학교를 상대로 헌법소원을 제기하였다. 이화여자대학교 법학전문대학원 입시에서 여학생만 지원 자격을 준 것이 헌법에 보장되어 있는 평등의 원칙에 위반되므로 무효라는 취지의 헌법소원이었다. 이에 대해 헌법재판소 재판관 6인은 헌법에 위반하지 않는다고 하였고 2인의 재판관은 헌법소원의 요건을 갖추지 못한 소원제기로서 각하의견을 내 놓았다. 청구인이 입게 되는 불이익은 사실상 불이익에 그치는 것이어서 자기 관련성이 없으므로 헌법소원을 제기할 청구인 적격이 없다는 논지이다. 기각 의견의 주요 논지는 이화여자대학교가 120년 이상의 여자 사립대학의 전통을 갖고 있으며, 정체성의 핵심이 '여성고등교육기관'이라는 것이다. 여성지도자를 양성한다는 것이 대학 자율성의 본질적 부분이며 이에 비해 남성 지원자의 직업선택 자유는 낮은 가치로 보았다. 통계를 볼 때 법학전문대학원의 여학생 비율이 전체 학생의 40%이다. 남녀 차별 없이 모집 시 청구인의 자유제한 정도를 산술적으로 명확하게 계산하기 어렵고 남학생은 다른 법학전문대학원 입학정원인 1,900명에 지원 가능하다고 보아 대학 측에서 여학생으로 입학 지원 자격을 한정한 것이 헌법에 위반되지 않는다고 보았다.

> **[브라운 판결과 남녀 공학]**
> 인종 분리 교육은 유형적 요소가 같아도 흑인 자녀이기 때문에 백인의 자녀와 평등한 교육을 받는 기회를 박탈한다.
> 첫째, 교육에서는 동일한 교실서 백·흑인이 평등하게 토론하고 의견 교환하는 비유형적 요소가 존중되어야 한다.
> 둘째, 분리교육은 흑인 자녀에게 사회에서 보상받고자 하는 열등감을 불어 넣어 흑인자녀에게 교육상 치명적 악영향을 미친다. 일상생활에서의 접촉이 평등 교육을 위해 중요하다.
> 남녀분리교육도 마찬가지인데 인간 형성을 위한 중요 교육의 장에서 남녀의 인간으로서의 접촉, 동류의식을 박탈하고 남녀는 서로 다르다는 의식을 심어 줄 우려가 있다. 함께 공부하고 동류의식을 가지는 것이 서로 인간으로서 존중하는 첫걸음이다. 능력과 성격·개인차가 있는 것이 보통이지만 이는 남자이기 때문이거나 여자이기 때문은 아니다.

2. 특정 성에 대한 참여 제한

국가인권위원회는 2006년 목포해양대학교가 해상운송시스템학부와 기관시스템 공학부일반전형에서 여자 신입생을 10%로 제한해서 불합격한 사례에 대해서 남녀 차별적 요소가 있으므로 이를 제한하지 말 것을 권고하였다. 여자라서 선장, 항해사, 기관장을 못하는 것은 아니며 여학생을 위한 시설 미비는 개선해야 할 사항이다. 또한 여성이라는 이유로 학습과정 이수가 불가능한 것은 아니라고 보았다.

미용학교 입학에 있어서 남성 배제한 사례에 대해 국가인권위원회는 2010년 남성에 대한 차별이 있었다고 인정하였다. 이는 성역할에 대한 사회적 고정 관념에 바탕을 둔 차별로서, 남성에 대한 생활지도가 어려운 점은 학교의 운영방법을 개선함으로써 해결해야 할 문제라고 보았다.

국가인권위원회는 2008년 인하대학교에서 개설한 여성취업지원사업과 여성 대상 전문 직종 양성과정이 남성에게 문호를 개방하지 않은 점에 대해 성차별 시정을 위한 특별조치로 필요하며 남녀 차별이 아니라고 결정하였다. 일종의 적극조치, 차별철폐조치로서 여성 취업예정자에게 가산점을 부여한 것이 아니고 남녀의 경제활동참가율 등의 격차가 해소되는 시점까지 진행되는 잠정적·한시적 조치로서 비우대집단인 남성 취업예정자의 개인적 권리 또는 이익을 과도하게 침해하는 것은 아니라고 보았다.

3. 기타 교육 관련 결정 사례

출석부 순서의 성별구분에 대해서 2005년 국가인권위원회는 남성이 우월하다는 무의식적 생각을 갖게 하므로 차별이라고 결정하였다. 교육부는 행정적 편리함을 정당화하는 예외 사유라고 들고 있지만 받아들이지 않았다. 여학생의 치마 교복착용과 관련해 2003년 남녀차별 개선위원회는 바지보다 치마가 여성답다는 고정관념에서 비롯되어 관행적이고 전근대적 의식의 반영으로서 성별에 따른 차별적 감정을 초래하고 겨울철에 건강에 좋지 않고 행동에 제약을 주므로 시정하라고 주문하였다.

국가인권위원회는 2006년도 교육청이 초·중등학교 교장·교감의 승진에서 여성이 승진후보자 명부에 등재되어 있고 승진예정인원의 3배수 범위 내에 들어 있으면 우선 승진시키는 여성우대정책을 시행하는 것은 적극적 조치이며 차별에 해당하지 않는다고 판단하였다.

VIII. 사회보장에서의 법과 여성

1. 가족 보호를 위한 정책

 헌법 제34조 제1항은 모든 국민은 인간다운 생활을 할 권리를 가진다고 규정하고 있다. 핵가족화 경향에 따라 가장의 지배권이 약화되고 부부 친자의 관계가 평등화 방향으로 변화되었으며 여성의 지위가 향상되었다. 가족의 생산적 기능이 없어짐에 따라 공동체적 친족적 부양도 없게 되어 불안정하고 붕괴되기 쉽게 되어 버렸다. 따라서 가족보호를 위한 정책이 등장하게 되는데 독일 바이마르 헌법 제119조 제 2항은 "가족의 청결유지, 건전화 및 사회적 조장은 국가의 임무이다. 자녀가 많은 가정은 이것을 보충하는 배려를 요구할 권리를 가진다."는 규정을 두었다.
 여성보호 위주에서 가족 보호로 변화하게 되었다. 국제인권규약을 심의하는 단계에서는 여성에 대한 출산보호가 중심이었지만 제10조 1 "사회의 자연적이고 기초적 단위인 가정에 대해서는 특히 가정의 성립을 위하여 그리고 가정이 부양 어린이의 양육과 교육에 책임을 맡고 있는 동안에는 가능한 한 광범위한 보호와 지원이 부여된다"는 규정에서 보듯이 결과적으로 양육 교육은 어머니만의 책임이 아니라 부모가 평등하게 책임을 져야 하는 것으로 하였다. 프랑스, 스웨덴 등 선진국은 출생률 저하 방지와 건전한 국민 구성 유지를 위해 가족보호 정책을 도입, 양친만이 지출해 온 비용을 사회전체가 떠맡기 위한 시책을 전개하였다.

2. 한부모 가족 지원

단친 가족 관련법은 변화를 거듭해 왔는데 보육과 영유아보육법은 1991년 제정되었다. 성에 의한 분업의 변혁을 위해 의식변화 외에도 근로시간 단축, 근로 장소 재편성과 양친 노동시 자녀 양육 위한 보육 시설 확보가 필요하다고 보았다. 국무총리 소속으로 보육정책조정위원회를 설치하고 보건복지부장관은 중앙 보육정보센터, 보육개발원을 설치하게 되어 있다. 수급자에 대한 비용은 국가, 지방자치단체가 보장하고 초등 취학 직전 1년 유아와 장애아에 대한 보육은 무상으로 실시하는 것을 그 내용으로 하였다. 2002년 모부자 복지법 개정으로 모자가정 보호에서 부자가정 보호도 포함되었다. 2007년 한부모가족지원법은 국가에서 모부자 가정 복지를 증진시킬 책임을 지고 국민도 이해 협력해야 한다고 규정하였다. 또한 복지급여 실시, 고용촉진 등의 조치를 규정하고 부자보호시설과 부자 자립시설을 복지시설에 추가하였다.

3. 사회복지 관련 결정 사례

2003년 국가인권위원회는 얼굴 흉터에 대한 장해등급을 남녀에 차등 적용하는 구「산재보험법 시행령」제31조(장해급여의 등급기준)의 [별표 2]가 의학적으로 타당성 없다고 하였다.[별표 2] '신체장해 등급표'는 동일한 정도의 뚜렷한 얼굴 흉터에 대해 남성은 제7급 제12호, 여성은 제12급 제13호로 정하여 여성이 더 많은 보상을 받을 수 있었다. 2002년 교통사고를 당해 얼굴에 상처를 입은 택시기사가 산업재해보상보험의 장해등급이 성차별이라고 국가인권위원회에 진정을 하였다. 인권위원회는 흉터는 남녀 모두에게 정신적 고통과 직업수행과정에서 어려움을 주는데 보상금 지급 기준이 다른 것은 잘못이라고 보았다. 국가인권위원회의 결정례에 따라 고용노동부장관은 관련 규정의 신체장해 등급표를 2003년 5월 17일 개정하여 얼굴의 흉터장해에 대한 남녀간의 장해등급차등을 해소하였다. 그 외 국가인권위원회는 「자동차손해배상보험법 시행령」도 장해등급을 정할 때 동일한 정도의 얼굴 흉터에 대해 남녀차등등급을 규정하고 있으므로 국토교통부장관에게 차별적 요소가 없도록 개정을 권고하였다.

2008년 헌법재판소는 유족연금 수급자격에서의 부부에 차등을 둔 구 국민연금법 제63조의 규정에 대해 5명의 재판관이 합헌, 4명의 재판관이 위헌의견을 내 무효가 아니라고 보았다. 이 규정은 "유족연금을 지급받을 수 있는 유족은 가입자 또는 가입자이었던 자의 사망 당시 그에 의해 생계를 유지하고 있던 배우자로 한다. 다만 부의 경우에는 60세 이상이거나 장애등급 2급 이상에 해당하는 자에 한한다."는 내용이다. 합헌결정은 헌법 제11조 제1항은 성차별 금지를 헌법 제36조 제1항은 혼인과 가족생활에 있어서 특별히 양성의 평등 대우를 명하고 있으므로 이 사건 법률조항에 대하여는 엄격한 심사척도를 적용하여 비례성 원칙에 따른 심사를 하여야 할 것이라고 하며 사회적 인식의 변화를 반영하여 법률의 개정시점을 정하는 것은 입법자에게 판단의 여지가 있다고 보았다. 법률 조항이 우리나라 취업시장의 현황, 임금구조, 전체적인 사회보장수준, 우리 가족관계의 특성 등을 종합적으로 고려하여 유족급여의 제공을 결정하는 것으로서 남성배우자에 대한 실질적 차별을 내용으로 하고 있다거나 입법목적의 비중과 차별대우의 정도가 균형을 상실했다고 볼 수 없으므로 평등원칙에 반한다고 보지 않았다. 위헌의견은 유족연금수급연령을 여성배우자에게 낮게 설정했던 입법 당시의 상황과 비교할 때 고용구조에 변화가 생겨 남녀간 격차유지가 설득력이 없다는 논리이다. 양자의 차이는 입법 이후의 여성의 경제적·사회적 지위의 변화에 관한 인식의 차이에 있다. 합헌의견은 "오늘날 노동시장의 유연화와 여성의 경제활동참가의 확대 등 사회경제적 환경이 변화하고 가족 내에서의 경제적 역할 분담의 양상이 다양화되기는 하였으나", 입법 당시에 정당한 목적을 가진 법을 위헌이라고 할 만큼 여성의 경제적·사회적 지위가 상승되었다는 실증적 증거가 없다고 본 것이다. 반면, 위헌의견은 이 사건 법률조항이 입법되던 당시와 달리 여성의 경제활동인구가 증가하고, 가족 내에서의 경제적 역할분담의 양상이 다양해진 오늘날, 남편의 유족연금수급권을 처에 비하여 과도하게 차별하는 것은 평등원칙에 위반된다는 것이다. 그런데 심판대상이 된 「국민연금법」이 유족연금의 수급자를 '가입자 또는 가입자이었던 자의 사망 당시 그에 의하여 생계를 유지하고 있던 배우자'로 규정하면서도 단서에 남편은 예외적인 경우(60세 이상이거나 장해 2등급 이상)에만 수급자로 한 것은 '남성은 생계부양자, 여성은 가사노동담당자·피부양자'라는 고정관념에 기초한 것이다. 유족연금지급의 취지를 고려할 때 처와 남편을 성별에 따라 획일적으로 차등대우 하는 것은 타당치 않고 소득이나 재산보유의 수준에 따라 수급자를 정하는 것이 타당하다. 결국 이후 법 개정으로 남녀 차별 시비를 종식시켰다.

인권위원회는 2005년 여성복지관의 여성전용프로그램의 남성 배제는 차별이 아니라고 결정하였다. 직업전문교육의 10% 내 남성 수강을 허용하고 있고 남성은 여타 과정으로 교육 받을 기회가 많으며 여성복지관 설립목적이 여성의 능력개발과 자아실현 기회 확대이기 때문이라는 것이다.

IX. 남녀 평등에 대한 정책과 행정체제

 여성정책은 여성만을 위한 정책이 아니다. '남녀평등의 촉진'을 목표로 하되 여전히 차별과 폭력, 소외, 빈곤의 주된 대상이 되고 있는 여성의 상황을 고려하여 여성의 사회참여 확대와 복지증진을 도모하여 실질적 의미의 남녀평등을 구현하는 정책이라고 하겠다.

 여성정책의 추진과 관련하여 양성평등기본법은 남녀평등의 촉진, 여성의 사회 참여확대 및 복지증진에 관하여 대통령령으로 정하는 정책이라고 규정하고 있다. 남녀평등(gender equality)은 남성 또는 여성이 성을 이유로 차별과 폭력, 소외와 편견을 받지 않고 인권을 동등하게 보장받는 한편, 여성의 고유한 모성 기능을 존중하고 남녀간 사회참여의 차이를 고려·시정하며, 가정과 사회에 동등하게 참여하고 권한과 책임을 분담하여 평등·상생의 발전·평화의 이념이 구현되는 사회와 남녀관계를 이루는 것이라고 할 수 있다.

1. 성주류화 정책의 의의와 실시 배경

 성주류화는 사회의 모든 분야와 정책의 계획과 운영에 남성과 여성이 동등하게 참여하여 관점을 균형 있게 반영하고 권한과 책임을 분담하여 남성 주류의 사회구조를 남녀평등하고 민주적으로 변화·발전시키는 방안을 의미한다.

국제연합은 1995년 9월 개최한 제4차 세계여성회의에서 남녀평등실현을 효과적으로 달성하기 위해 성 주류화 정책을 채택하였다.

우리나라에서는 여성가족부가 2차 여성정책추진기본계획(2003-07년)을 채택할 때 정책 비전을 '실질적 남녀평등 사회 실현'으로 정하고 그 추진전략으로 '여성 대상만의 정책을 넘어 남성을 변화시키는 정책을 지향하기 위한 성주류화'를 설정하였다. 주류화의 과정은 사회의 모든 분야에서 여성의 양적, 질적 참여의 확대로, 동일한 의사결정권을 가지는 여성의 주류화를 위해서는 첫째, 성관점의 주류화이다. 이는 모든 정책이나 프로그램이 여성과 남성에게 다른 영향을 미치는 것을 검토하고 이를 다루는 기관에 성관점을 통합하도록 하는 것을 말한다. 둘째, 주류의 전환이다. 이는 남성 중심의 정부조직과 주된 영역의 정책의 모든 과정에 여성이 동등하게 참여하고 그 결과 주류로 전환되는 것을 의미한다.

2. 입법과 정책의 성별영향분석평가

성별영향분석평가는 중앙행정기관의 장 및 지자체 장이 정책을 수립하거나 시행하는 과정에서 그 정책이 성 평등에 미칠 영향을 분석 평가하여 정책이 성 평등의 실현에 기여할 수 있도록 하는 것이다. 성별영향평가는 정책을 입안, 집행, 평가할 때 성별 요구와 차이를 고려하여 정책이 여성과 남성에게 고르게 혜택을 가져올 수 있도록 하는 것을 말한다.

2002년 12월 여성발전기본법에 근거해 일부 기관에서 시범적으로 실시했는데 성별영향분석평가법이 2012년 3월 시행됨에 따라 전면 실시되었다. 여성가족부 장관은 정책의 성별영향분석평가의 방향, 절차, 대상정책 및 세부기준 등에 관한 사항을 포함하는 지침을 마련하여 중앙행정기관 및 지방자치단체의 장에게 알려야 한다. 중앙행정기관 및 지방자치단체의 장은 이 지침에 따라 제·개정을 추진하는 법령과 성 평등에 중대한 영향을 미칠 수 있는 계획 및 사업 등에 대하여 성별에 따라 구분한 성별 통계, 성별 수혜분석, 분석평가 결과에 따른 정책개선

방안을 포함한 분석평가서를 작성하여 여성가족부 장관에게 제출해야 한다. 또한 중앙행정기관 및 지방자치단체의 장은 여성가족부 장관이 통보한 검토의견과 분석평가의 결과를 정책에 반영하여야 하며, 매년 그 결과를 여성가족부 장관에게 제출해야 한다. 여성가족부장관은 여성의 지위향상과 밀접한 관련이 있는 사업을 특정하여 분석평가를 실시하고 성 평등 실현을 위해 필요하다고 인정하는 경우 관계 중앙행정기관 및 지방자치단체의 장에게 정책개선을 권고할 수 있다.

3. 성인지 교육

성인지 교육은 모든 정책과 사업, 활동 등이 여성과 남성에게 미치는 영향을 인식하고 남녀불평등을 시정할 수 있는 능력을 증진시키는 교육이다.

양성평등기본법은 "양성 평등교육과 특정 성에 대하여 불평등이 발생하지 아니하도록 여성과 남성에게 미치는 영향을 인식·반영하는 능력을 증진시키는 교육을 효율적이고 체계적으로 추진하고 진흥시키기 위하여" 한국 양성평등교육진흥원을 설립한다는 것을 규정하고 진흥원이 공무원에 대한 성인지 교육을 실시하고 있다.

4. 성인지 통계

성인지 통계는 단순히 성별로 구분되어 있는 통계만이 아니라 성별을 통계의 주요 분석단위에 포함시켜 여성과 남성의 사회경제적 격차와 남녀불평등한 현상을 보여 주고 이를 시정하기 위해 작성된 통계이다. 국제연합은 1975년 여성의 상태와 지위를 나타내는 자료의 체계적인 수립과 분석을 하도록 공식적으로 강조하였다. 1995년 세계여성회의에서는 '여성관련 정책의 기획 및 평가를 위해 성별분리자료와 정보를 생성하고 배포할 것'을 남녀평등의 실현 전략으로 채택하였고 이후 각

국에서 활발히 추진하고 있다.

양성평등기본법은 여성가족부장관은 "효율적인 여성정책을 수립하기 위하여 필요하면 여성과 관련된 문제에 대한 기초조사와 여론조사를 실시하여야 한다"는 것과 "정보체계를 구축하여 여성관련 정보를 제공하기 위하여 노력하여야 한다"는 것을 규정하고 있다. 2002년 법 개정시 "국가와 지방자치단체가 인적 통계를 작성하는 경우에는 성별을 주요 분석단위에 포함시켜야 한다."고 성인지 통계를 신설한 바 있다. 통계법은 2007년 개정시 "통계작성기관의 장은 새로운 통계를 작성하고자 하는 경우에는 그 명칭, 종류, 목적, 조사대상, 조사방법, 조사사항의 성별구분 등 대통령령이 정하는 사항에 관하여 미리 통계청장의 승인을 얻어야 한다."고 규정하여 '성별구분'을 통계의 작성사항에 명시하여 포함시켰다. 시행령은 통계작성의 사항과 대상이 자연인이면 성별구분을 포함한다는 것을 명시하였다.

5. 성인지 예산제도

성인지 예산제도는 예산의 편성·심의·집행·평가 등 모든 예산과정에서 여성과 남성의 지위에 미치는 영향을 분석하고 예산이 남녀에게 균등하게 배분되게 하여 남녀 불평등을 발생하지 않도록 하는 방안이다. 정책의 공정성을 높일 수 있으며, 남녀의 차이를 고려하므로 정책이 더 효율적이며 양성 평등한 결과를 기대 할 수 있으며, 남성과 여성이 동등한 수준의 삶의 질을 향유할 수 있다는 장점이 있다. 성인지 예산제도는 1980년대 오스트레일리아에서 시작되어 1995년 '베이징 세계여성 회의'에서 행동강령으로 채택되었다. 미국, 캐나다, 영국, 프랑스, 필리핀, 남아프리카공화국등 60여 개 국가에서 시행하고 있다. 우리나라는 2006년 8월 국회 본회의를 통과하여 2008년부터 성인지예산안 작성지침이 발표되었다. 그러나 성인지예산제도가 정착되기 위해서는 남녀별로 분리된 통계자료가 구축되어야 한다.

1995년 세계여성회의에서 채택된 행동강령은 각 국가에게 예산의 편성과 심의·집행·평가과정 등에 성인지적 관점의 통합을 요구하였다.

국가재정법은 정부가 예산의 편성과 집행에 준수해야 할 기본 원칙으로 "예산이 여성과 남성에게 미치는 효과를 평가하고 그 결과를 정부의 예산편성에 반영하기 위해 노력하여야 한다"고 규정하고 있다. 법은 정부에 성인지 예산서와 성인지 결산서의 작성을 요구하고 있는데 2010 회계연도부터 정부는 예산이 여성과 남성에게 미칠 영향을 미리 분석한 보고서(성인지 예산서)를 작성해야 하고 국회에 제출하는 예산안에 서류를 첨부해야 한다.

성인지 예산서에는 성인지 예산의 개요, 성인지 예산의 규모와 기대효과, 그밖에 기획재정부장관이 정하는 사항을 포함한다. 정부는 여성과 남성이 동등하게 예산의 수혜를 받고 예산이 성차별을 개선하는 방향으로 집행되었는지를 평가하는 보고서(성인지 결산서)를 작성할 의무가 있다. 성인지 결산서에는 성인지 결산의 개요, 성인지 예산의 집행실적, 그 밖에 기획재정부장관이 정하는 사항이 포함되어야 한다. 각 중앙관서의 장은 회계연도마다 그 소관에 속하는 성인지 결산서 등의 서류를 작성하여 다음 연도 2월 말까지 기획재정부장관에게 제출해야 하고 정부는 감사원의 검사를 거친 결산 및 첨부서류를 다음 연도 5월 31일까지 국회에 제출해야 한다.

6. 여성친화도시 조성

여성친화도시(Women-friendly city)는 지역의 정책과 발전과정에 남녀가 동등하게 참여하고 그 혜택이 주민들에게 고루 돌아가면서, 여성의 발전과 안전이 구현되도록 여성정책을 운영하는 행정단위이다. 여성친화도시는 1970년대 북미여성들이 안전성, 접근성 편리성, 쾌적성을 갖춘 도시를 주창하면서, 1980년대 북미 30여개 도시의 '밤길 안전하게 다니기' 캠페인 전개와 유럽의 도시정책의 성주류화 차원에서 지역 개발과 도시건설에 성 평등과 여성의 관점을 통합하려는 노력으로 전개되었다. 정부는 성인지적 관점을 바탕으로 도시 공간정책을 추진하여 지역의 전반적인 삶의 질을 향상시키고자 2009년부터 2015년 말까지 66개의 여성친화도시를 지정·운영하고 있다. 지방자치단체는 스스로의 필요에 따라 지역특성에 적합하게 추진하고, 여성가족부는 지방자치단체의 여성친화도시 사업이 성인지적 관점에서 종합적이고 체계적으로 추진될 수 있도록 교육, 컨설팅, 사업 우수모델 개발·보급, 우수기관 포상 등 지원을 하고 있다. 여성친화도시의 선정절차는 여성친화도시 조성을 희망하는 시·군·구를 대상으로 여성친화도시 조성에 대한 비전과 계획을 수립하고 추진할 의지와 기반이 조성되어 있는 자치단체를 심사를 통해 선정하는데 시·군·구가 여성친화도시 조성 계획을 시·도를 거쳐 여성가족부에 제출하면 심사를 거쳐 선정한 후 협약을 체결하게 된다.

X. 남녀평등에 관한 분쟁처리와 권리구제

1. 권리구제제도의 의의

　남녀평등에 관한 권리구제제도는 성차별·성희롱·성폭력·성매매·가정폭력등과 같이 남녀평등에 관한 권리침해사건이나 분쟁이 발생하였을 경우 법에 따라 분쟁을 처리하고 피해자의 권리침해를 원상회복시키는 절차를 뜻한다. 분쟁이 발생하였을 때 당사자간 신의성실을 기본으로 하는 대화와 타협을 통해 원만하게 해결하는 것이 가장 효과적이다. 이러한 점을 고려해 자율적 분쟁처리제도가 마련되어 있다. 분쟁이 자율적으로 해결되지 않을 때에는 제3자가 개입하여 조정하거나 판정하고 이를 통해 피해자의 침해받은 권리를 원상회복시킬 수 있다. 이러한 업무를 담당하는 기관으로 지방노동관서, 노동위원회, 국가인권위원회, 사법기관, 법률상담기관과 법률구조법인 등이 있다. 국제연합의 여성차별철폐협약이 준수되지 않아 권리를 침해받은 여성은 국제연합의 여성차별철폐위원회(CEDAW)에 진정할 수 있는 제도가 있다.

2. 자율적 분쟁처리제도

1) 남녀고용평등에 관한 노사자율적 분쟁처리제도

① **명예고용평등감독관**

　명예고용평등감독관은 남녀고용평등법에 따라 남녀고용평등의 이행을 촉진하기 위해 고용노동부장관이 노사의 추천으로 위촉한 사업장 소속 종사자를 말한다. 명예감독관으로 위촉될 수 있는 사람은 노사협의회의 위원 또는 고충처리위원, 노동조합의 임원 또는 인사·노무담당 부서의 관리자 등이다. 사업장 내 명예감독관을 위촉하고 있는 경우 고용차별과 직장 내 성희롱의 피해자는 명예감독관에게 상담하여 조언을 얻을 수 있다. 명예감독관은 법령위반사실을 발견한 경우 사업주에 대하여 개선을 건의하고 감독기관인 관할 지방 노동관서에 신고를 할 수 있다. 명예감독관은 이러한 업무를 수행하는데 노사의 협의를 통하여 해결하는 것이 필요하다고 판단되는 사안은 노사협의회의 토의에 부쳐 처리하게 할 수 있다. 또한 당해 사업장의 남녀고용평등 이행상태를 자율점검하고 근로감독관이 행정지도를 할 때 입회하는 등의 업무도 한다.

② **노사 자율적 고충처리제도**

　남녀고용평등법은 이 법과 관련하여 발생한 고충을 자율적으로 처리하는 분쟁처리 제도를 두고 있다. 고충이 있는 근로자는 사업주에게 고충을 신고할 수 있는데 고충신고는 구두·서면·우편·전신·모사전송·인터넷 등의 방법에 의한다. 사업주는 근로자로부터 고충신고를 받은 때에는 특별한 사유가 없는 한 신고 접수일로 부터 10일 이내에 고충을 직접 처리하거나 노사협의회에 위임하여 처리하게 할 수 있다. 남녀고용평등법은 근로자의 고충신고와 고충처리를 더욱 용이하게 하기 위해 "이 법과 관련한 분쟁해결에서의 입증책임은 사업주가 부담한다."고 규정하였다. 차별이나 직장 내 성희롱이 발생한 경우 피해를 주장하는 근로자나 구직자는 차별을 받았음을 법관 등 판단자들이 추측할 수 있을 정도의 심증을 주거나 증거를 제출하는 소명을 하면 된다.

2) 성차별·성희롱·성폭력 관련 자율적 분쟁처리제도

양성평등기본법과 시행령은 공공기관에 대해 자체 성희롱 예방지침을 마련하고 그 안에 성희롱에 관한 고충처리절차와 성희롱 관련 상담 및 고충처리 창구의 설치 및 운영에 관한 사항을 포함시킬 의무를 부과하고 있다. 공공기관의 장은 남녀 각 1명 이상 성희롱 고충상담원을 지정하고 성희롱 고충 상담원의 교육훈련을 지원하며 성희롱 관련 상담 및 고충처리 창구운영의 정기점검 등을 하여야 한다. 이러한 법령에 따라 공공기관에서 성희롱·성폭력에 관한 문제가 발생하는 것을 예방하고 분쟁이 발생하는 경우 자율적으로 처리하기 위한 취업규칙이 마련되고 이에 따라 자율적 고충처리제도가 운영되고 있다.

3. 비사법기관의 분쟁처리

1) 국가인권위원회

① 조직과 업무

국가인권위원회는 국가인권위원회법을 근거로 하여 인권보장과 향상을 위해 2001년 11월 출범한 국가기구이다. 인권위는 11명의 인권위원과 사무처로 구성하고 부산과 광주, 대구에 지방사무소를 설치하고 있다. 인권위원은 위원장 1명과 상임위원 3명을 포함한 11명으로 구성되는데 국회가 선출하는 4명, 대통령이 지명하는 4명, 대법원장이 지명하는 3명을 대통령이 임명한다. 위원 중 여성은 4명 이상이 되어야 한다. 인권위는 국가와 지방자치단체에 인권을 보호·향상하기 위한 법령과 정책에 관한 권고와 의견표명을 하며 인권에 관한 조사연구와 교육, 국내외 인권기구와 인권단체와 협력, 인권침해사건과 차별행위사건·성희롱 사건에 대한 권리구제 등에 관한 업무를 독립적으로 수행한다.

② 권리구제대상사건

인권침해사건은 국가기관, 지방자치단체 또는 구금·보호시설, 각급

학교, 그 밖에 공공기관이 업무수행과 관련해 헌법에 보장된 인권을 침해하는 경우를 말한다. 인간의 존엄과 가치를 존중받을 권리 및 행복을 추구할 권리, 평등권을 침해하는 경우도 포함된다.

평등권 침해의 차별사건은 법인, 단체, 개인이 고용·교육·훈련 등과 관련하여 합리적인 이유 없이 특정한 사람을 우대·배제·구별하거나 불리하게 대우한 사건을 말한다. 다만 현존하는 차별을 효과적으로 해소하기 위해 특정한 사람을 잠정적으로 우대하는 행위와 이를 내용으로 하는 법령의 제·개정 및 정책의 수립·집행은 평등권 침해의 차별행위로 보지 아니한다. 국가인권위원회법은 성희롱을 평등권 침해의 차별행위의 일종으로 분류하면서 권리구제대상 사건으로 하고 있다.

③ 인권침해 · 차별행위 · 성희롱 진정사건의 처리

인권침해를 당한 사람 또는 그 사실을 알고 있는 사람이나 단체는 위원회에 그 내용을 진정할 수 있다. 인권위원회는 진정접수를 받으면 지체 없이 조사한다. 진정이 없어도 권리 구제대상사건이 발생하였다고 믿을 만한 상당한 근거가 있고 그 내용이 중대하다고 인정할 때에는 직권으로 조사할 수 있다. 조사는 인권침해시정본부 또는 차별시정본부 조사관들이 진정인·피해자·피진정인 또는 관계인에 대한 출석 요구 및 진술청취, 자료제출 요구, 실지조사 등에 의한다. 사건 처리 절차에는 소위원회의 심의의결, 합의의 권고, 조정, 구제조치 등의 권고, 고발, 징계권고, 피해자를 위한 법률구조요청, 긴급구제조치의 권고 등이 있다.

2) 지방노동 행정기관

지방노동행정기관은 고용노동부의 지방소재 하부조직을 말하며 현재 6개 지방노동청과 41개 지청을 설치하고 있다. 주요 업무는 노동관련 고충상담, 고용지원, 노동관계법령준수를 위한 사업장 행정지도와 감독, 사용자의 위법행위에 대한 근로자의 진정처리 등이다. 지방노동행정기관은 민원실에서 직업상담원이 노동관련 문제에 대해 직접 상담을 한다. 노동종합상담센터에서는 전화와 인터넷, 서면에 의한 상담을 한다.

사용자가 노동관계법의 성차별금지규정과 여성특별보호규정을 위반해 남녀평등권을 침해 받은 근로자는 근로기준법에 따라 사업장 소재지역의 관할 지방노동행정기관에 이 사실을 통보하거나 진정할 수 있다. 지방노동행정기관은 상담 후 근로감독관에게 사건을 배정한다. 근로감독관은 사용자의 위법사실을 발견하면 행정지도를 하고, 이에 사용자가 불응하면 검사에게 입건 송치한다.

3) 노동위원회

① 조직과 업무

노동위원회는 노동위원회법에 근거하여 노사분쟁을 신속하고 공정하며 전문적으로 처리하기 위해 설치한 행정기관으로서 위원은 근로자대표, 사용자대표, 공익대표 3자로 구성한다. 공익위원은 교수, 변호사, 고용노동부 전직 고위공무원들로 구성하며 심판담당 공익위원, 조정담당 공익위원, 차별시정담당 공익위원으로 구분한다. 노동위원회의 주요업무는 부당인사와 부당징계, 부당해고의 구제신청접수와 조사·판정·구제명령, 기간제 근로자, 단시간근로자, 파견근로자의 차별신청접수와 조사·판정·시정명령과 조정·중재, 부당노동행위의 구제신청접수와 조사·판정·구제명령, 노동쟁의의 중재와 조정 등이다.

② 권리구제 대상사건

남녀평등과 관련하여 노동위원회가 사건을 처리하고 구제할 수 있는 경우로서는 사용자가 근로기준법을 위반해 출산전후휴가 중인 여성을 그 휴가기간과 그 후 30일 이내에 해고한 경우, 사용자가 경영상 이유에 의한 해고대상자를 선정함에 있어서 근로기준법을 위반하여 남녀의 성을 이유로 차별하는 경우, 사용자가 남녀고용평등법을 위반하여 정년·퇴직·해고에서 남녀를 차별하거나 혼인·임신·출산을 퇴직사유로 정한 근로계약을 체결하고 해고한 경우 등이다.

③ 성차별 부당해고 구제신청사건의 처리

구제신청은 해고 등의 사용자의 조치가 있은 날로부터 3월 이내에 지방노동위원회에 부당해고 구제신청서를 제출하면 된다. 소속심사관이 구제신청을 받은 즉시 사실관계를 확인하기 위해 필요한 조사를 하고 심판회의를 한다. 심판회의에서의 당사자 심문은 공익위원 3인, 근로자위원 1인, 사용자위원 1인이 한다. 심문이 끝난 후 부당해고 성립여부에 관한 판정회의를 개최한다. 부당해고가 성립한다고 판정하면 구제명령을 하여야 하며 성립하지 아니한다고 판정하면 기각 결정을 한다. 구제명령을 하는 때에는 30일 이내의 이행기한을 정하여야 하고 사용자가 이행하지 아니한 경우에는 이행강제금을 매년 2회까지 2년의 범위에서 부과할 수 있다. 불복하는 경우 중앙노동위원회에 10일 이내에 재심을 신청할 수 있다.

4. 사법기관의 분쟁처리

1) 경찰

경찰은 성폭력·가정폭력·성매매 등 젠더 폭력과 관련한 사건의 고소·고발을 접수하고 검찰의 지휘를 받으며 수사를 한다. 현장에 출동하여 폭력행위를 제지하고 피해자를 상담소 또는 보호시설 등으로 인도한다.

2) 검찰

사용자의 법 규정 위반으로 인해 피해를 입은 근로자와 노동조합은 검찰에 직접 고소 또는 고발할 수 있다. 검사는 고발·고소된 사건 또는 근로감독관으로부터 입건·송치된 사건에 대해 고소장의 검토, 당사자 심문, 수사자료 등을 참조하고 사업장, 기숙사, 그 밖의 부속건물에 임검, 장부와 서류의 제출 요구, 사용자와 근로자에 대한 심문 등을 하여 형사법원에 기소할 것인지를 결정한다. 검사는 벌금·과료·몰수에 처할 수 있는 사건에 대해서는 법원에 약식명령의 청구와 함께 필요한 증거서류와 증거물만을 제시하는 약식기소를 할 수 있다. 성폭력·가정폭력·성매매 사건의 피해자 또는 그 법정대리인 등도 검찰에 고소·고발할 수 있다. 검찰은 수사를 주재해 기소 또는 기소중지, 무혐의 처리 등 불기소 여부를 결정한다. 가정폭력 사건인 경우 행위자에 대하여 사건의 성격·동기, 행위자의 성행 등을 고려하여 보호처분에 처함이 상당하다고 인정하는 때에는 그 사건을 보호사건으로 결정하고 형사법원 대신 가정법원에 송치할 수 있다.

3) 법원

사법절차의 진행과 분쟁의 위법 여부 판단은 법관이 한다. 법관은 대법원의 대법원장과 13명의 대법관과 그 외 법원의 판사들로 구성된다. 헌법은 "법관은 헌법과 법률에 의하여 그 양심에 따라 독립하여 심판한다."(제103조)라고 규정하고 있다. 사법절차의 제1심은 지방법원, 가정법원, 행정법원, 제2심은 고등법원, 제3심은 대법원에서 진행된다. 대법원은 최고법원으로서 원칙적으로 법원의 법의 해석·적용에 관한 잘못 여부만을 판단하는 법률심을 한다.

법원이 성차별 관련 분쟁사건에 관하여 판단한 판례의 유형에는 상대방이 한 행위의 무효 또는 취소를 청구하는 사건의 판례, 상대방에 대한 손해배상 청구사건의 판례, 상대방을 처벌해 달라고 고소한 형사사건에 관한 판례, 국가인권위원회 또는 노동위원회 등 비사법적 권리구제기관이 결정한 처분에 관한 취소를 청구하는 사건의 판례, 법원에 계류된 사건의 위법 여부를 판단하기 위해 적용할 법률이 헌법에 위반되는지가 의심 되는 경우 사건당사자의 신청 또는 법원의 직권으로 위헌 여부 신사를 헌법재판소에 제청하는 것을 결정한 판례 등이 있다.

4) 헌법재판소

헌법재판소는 헌법과 「헌법재판소법」에 따라 법원의 제청에 의한 법률의 위헌여부 심판, 탄핵의 심판, 정당 해산 심판, 국가기관 상호간과 국가기관과 지방자치단체간 및 지방자치단체 상호간의 권한쟁의에 관한 심판, 헌법소원에 관한 심판을 관장하는 기관이다. 헌법재판소는 대통령이 임명하는 9명의 재판관으로 구성하는데 이 중 3명은 국회에서 선출하는 자를, 3명은 대법원장이 지명하는 자를 임명한다.

헌법재판소의 장은 국회의 동의를 얻어 재판관 중에서 대통령이 임명한다. 법률의 위헌 여부 심판은 법률이 헌법에 위반되는지 여부가 재판의 전제가 된 경우 당해 사건을 담당하는 법원이 직권 또는 당사자의 신청에 의한 결정으로 헌법재판소에 위헌 여부 심판을 제청하여 이루어진다. 헌법재판소는 해당 법률이 헌법에 위반되는지를 심사하여 위반된다고 판단하는 경우에 그 법률의 효력을 잃게 하거나 적용하지 못하게 한다. 헌법소원제도에는 권리구제형 헌법소원제도와 규범통제형 헌법소원제도가 있다. 권리구제형 헌법소원은 국가권력의 행사 또는 불행사로 인해 헌법상 보장된 기본권이 직접 그리고 현실적으로 침해당한 국민이 공권력의 위헌 여부의 심사를 청구하여 기본권을 구제받는 제도이다. 규범통제형 헌법소원은 법률이 헌법에 위반되는지의 여부가 재판의 전제가 되어 국민이 법원에 위헌법률심판 제청신청을 했으나 법원이 기각한 경우 국민이 직접 그 법률의 위헌 여부 심사를 청구하는 제도이다. 헌법재판소에서 법률의 위헌결정, 탄핵의 결정, 정당의 해산결정, 헌법소원에 관한 인용결정을 할 때에는 재판관 6명 이상의 찬성이 있어야 한다. 만일 그 정족수에 미치지 못하면 합헌결정을 하게 된다. 법률의 위헌결정은 법원과 그 밖의 국가기관 및 지방자치단체를 기속한다. 위헌으로 결정된 법률 또는 법률의 조항은 그 결정이 있는 날로부터 효력을 상실한다. 다만 형벌에 관한 법률 또는 법률의 조항은 소급하여 그 효력을 상실하는데 이 경우에 위헌으로 결정된 법률 또는 법률의 조항에 근거한 유죄의 확정판결에 관하여는 재심을 청구할 수 있다.

5. 법률상담과 법률구조

1) 여성주의 법률상담기관

여성주의 법률상담이란 가부장제 사회에서 생성된 법제와 관습에 의해 피해를 당한 여성들에게 여성주의에 기초한 상담을 통해 피해자들에게 법률적인 해결방안을 제시하고 피해자의 육체적·심리적 치유와 인권회복이 이루어지도록 하는 활동이다. 한국가정법률상담소와 전국에 소재한 지부, 대한가정법률복지원, 지방노동관서와 여성단체, 여성노동법률지원센터 등에서 설치·운영하는 고용평등상담실, 성폭력·성매매·가정폭력피해상담소와 피해자보호시설, 1366 여성폭력 긴급상담전화 등에서 여성주의 법률상담을 실시하고 있다. 이러한 상담기관이나 상담단체들은 피해신고를 접수하고 관계기관과 연계하여 피해자가 의료 및 법률지원을 받을 수 있도록 지원한다.

2) 법률구조기관

① 대한법률구조공단

대한법률구조공단은 법률구조사업을 효율적으로 추진하기 위해 무료 법률상담과 법률구조를 하는 비영리 공익법인이다. 공단은 서울에 본부를 두고 서울중앙지부 등 18개 지부와 37개 출장소를 설치하고 있다. 민사소송·가사소송·행정소송·헌법소원사건의 화해 및 소송대리, 형사사건의 변호 등을 내용으로 하는 법률구조는 주로 저소득계층이나 사회적 보호가 특별히 필요한 사람들을 대상으로 한다. 가정폭력·성폭력·성매매로 인한 피해를 입은 여성과 저소득 한부모 가정 등이 포함된다. 공단은 상담과 사실조사 후 당사자에게 분쟁에 관한 법률적인 문제점과 그 해결방법을 제시하여 원만한 화해를 유도할 수 있다. 그리고 구조의 타당성, 승소 가능성, 집행가능성을 심사하여 소송여부를 결정한다. 소송을 하기로 한 소송사건은 공단소속 변호사나 공익법무관이 수행한다. 형사사건에 대해서는 공단소속 변호사나 공익법무관이 변호를 한다. 공단은 법률구조를 하면서 소송을 하지 않고 화해로 끝난 사건은 무료로 하지만 소송에 들어간 사건은 소송비용을 의뢰자에게 상환 받는 것을 원칙으로 한다.

② 한국가정법률상담소

한국가정법률상담소는 가족법 관련 사건과 가정폭력사건 등에 대하여 무료법률상담과 간단한 소송관련 서류를 무료로 작성하며 소송구조를 실시하고 있다. 여성폭력 원 스톱센터와 연계되어 가정폭력사건에 대한 상담 등의 법적 지원을 한다.

6. 국제연합 여성차별철폐위원회의 진정처리와 조사

우리나라는 2006년 10월 18일 「여성에 대한 모든 형태의 차별철폐에 관한 협약 선택의정서」에 가입하고, 2007년 1월 18일 발효하였다. 이에 따라 우리나라 여성도 UN 여성차별철폐위원회에 의한 개인진정의 처리제도와 조사제도에 의해 협약에 규정된 권리의 침해를 구제받을 수 있다. UN 여성차별철폐위원회에 진정할 수 있는 자는 협약에 규정된 권리를 침해당한 피해자라고 주장하는 여성 또는 이들의 동의를 얻은 제3자이다. 진정은 국내의 행정적·사법적 권리구제절차를 다 거쳐도 권리구제가 이루어지지 않은 경우라 할 수 있다. 그렇지만 구제절차가 불필요하게 지연되거나 효과적으로 구제할 수 없는 경우에는 국내절차를 다 거치지 않아도 위원회는 진정을 심의할 수 있다. 진정은 문서로 해야 한다. 위원회는 비공개로 진정사건을 심리하고 진정에 대한 견해와 권고를 다수결로 결정하여 관련 당사자와 국가에 통보한다. 관련 당사국은 6개월 이내에 후속조치를 서면으로 위원회에 제출하여야 한다.

조사는 협약의 당사국에서 중대하거나 조직적인 인권침해가 발생하고 있다는 신뢰할 만한 정보를 접수한 경우에 개시한다. 그 절차는 '정보접수, 정보검토, 당사국에 대한 방문과 청문, 위원회의 견해와 권고, 후속조치, 정보제공자의 보호'로 진행한다.

[참고문헌]

Ⅰ. 국내문헌

1. 교과서

거다 러너 저, 강세영 옮김, 가부장제의 창조, 당대, 2004
곽윤직·김재형, 민법총칙, 박영사, 2013
권혁범, 여성주의, 남자를 살리다, 또하나의문화, 2006
김남진·김연태, 행정법 Ⅰ(20판), 법문사, 2016
김엘림, 남녀평등과 법, 한국방송통신대학교출판문화원, 2013
김유성, 노동법 Ⅰ, 법문사, 2005
김일수·서보학, 형법각론, 박영사
김주수, 친족·상속법, 법문사, 2005
김철수, 헌법개설(14판), 박영사, 2015
김형배, 노동법(24판), 박영사, 2015
나달숙, 여성과 법률, 청목출판사, 2011
나달숙, 여성과 법생활, 청목출판사, 2014
로빈 라일저, 조애리외 옮김, 젠더란 무엇인가, 한울아카데미, 2015
박상기, 형법각론, 박영사, 2005
박은정, 왜 법의 지배인가, 돌베개, 2014
배종대, 형법각론, 홍문사, 2011
소성규, 법여성학강의(6판), 동방문화사, 2014
손동권, 형법각론, 율곡출판사, 2004
양현아, 한국가족법 읽기, 창작과비평사, 2011
엄영진, 가족법, 대왕사, 1994
(사) 여성문화이론연구소, 페미니즘의 개념들, 동녘, 2016
(사) 부산여성사회교육원, 여성학 행복한 시작, 신정, 2017
오영근, 형법각론(3판), 박영사, 2014

윤진수·현소혜, 2013년 개정민법해설, 민법개정총서 5, 법무부, 2013
이경희, 가족법(친족법·상속법), 법원사, 2012
이병태, 노동법, 중앙경제사, 2008
이소영, 페미니즘 사상, 한신문화사, 2000
이은영, 법여성학의 위상과 이념, 법과 사회, 창작과 비평사, 1993
이정원, 형법각론, 신론사, 2012
이재상·장영민·강동범, 형법각론, 박영사, 2016
임웅, 형법각론(개정판5판), 법문사, 2013
임종률, 노동법(14판), 박영사, 2014
정성근·박광민, 형법각론, 성균관대학교출판부, 2015
정재황, 신헌법입문(6판), 박영사, 2016
조승현, 친족·상속, 신조사, 2013
지원림, 민법강의, 홍문사, 2014
진계호·이존걸, 형법각론(6판), 대왕사, 2008
한견우, 법학개론, 신영사, 1999
한봉희, 가족법, 푸른세상, 2007
허영, 헌법이론과 헌법(7판), 박영사, 2015
허영, 한국헌법론(12판), 박영사, 2016

2. 논문

구미영, 고용상 성차별의 개념과 판단, 서울대학교 대학원 박사학위 청구논문, 2009
김선욱, 성주류화와 법, 젠더법학 제1권 제1호, 한국젠더법학회, 2009
구상엽, 개정민법상 성년후견제도에 관한 연구-입법배경, 입법자의 의사 및 향후 과제를 중심으로, 서울대학교 대학원 박사학위논문, 2012
김엘림, 여성차별철폐협약, 국제인권법 제1호, 국제인권법학회, 1996
김엘림, 동일가치노동·동일임금원칙에 관한 쟁점, 노동법학 제17호, 한국노동법학회, 2003
김엘림, 헌정 60년의 법과 여성의 관계, 젠더법학 제1권 제1호, 한국젠더법학회, 2008

김엘림, 직장내 성희롱의 법적 개념과 판단기준, 노동법학 제32호, 한국노동법학회, 2009

김엘림, 성희롱의 방지에 관한 사용자의 법적 책임, 노동법학 제34호, 한국노동법학회, 2010

김엘림, 고용차별분쟁처리제도의 문제와 정비과제, 법제연구, 제39호, 한국법제연구원, 2010

김엘림, 젠더법학에 관한 고찰, 젠더법학, 제4권 제2호, 한국젠더법학회, 2013

김엘림, 교수의 성희롱 소송사건의 고찰, 부산여성학, 부산대학교 여성연구소, 2013

김영환, 적극적 평등실현조치(Affirmative Action)에 관한 연구, 영남대학교대학원 박사학위 논문, 1991.2

김상용, 자의 친생부인권, 고시연구, 1998.10

김영진·길태영, 가족폭력범죄의 처벌 등에 관한 특례법의 개정방향, 충북대학교 법학연구 제27권 제1호, 2016

김원섭, 여성결혼이민자 문제와 한국의 다문화정책-다문화가족지원법의 한계와 개선방안, 민족연구 제36호, 한국민족연구원, 2008

김형석, 민법 개정안에 따른 성년후견법제, 가족법연구 제24권 제2호, 한국가족법학회, 2010

박득배, 후견계약제도에 관한 연구, 한양대학교 대학원 박사학위논문, 2014

박인환, 새로운 성년후견제 도입을 위한 민법개정안의 검토, 가족법연구, 제24권 제1호, 한국가족법학회, 2010

백승흠, 성년후견의 감독에 관한 고찰-독일과 일본의 제도를 비교하여, 가족법연구 제20권 제2호

서정우, 개정민법의 문제점, 고시계, 1990.4

석인선, 젠더구분에 근거한 차별의 합헌성 심사-미 연방대법원판례분석을 중심으로, 공법연구 제36집 제4호, 한국공법학회, 2008

소성규, 결혼이민자 인식조사를 통한 다문화가족 법제도의 개선 방향-포천시 사례를 중심으로, 법과 정책연구 제10집 제2호, 한국법정책학회, 2010.8

신영호, 남북주민 사이의 가족관계 및 상속관련의 당면문제와 특례법의 개정방안, 제160회 북한법연구회 월례발표회 자료, 2010.12

양현아, 서구의 여성주의 법학-평등과 차이의 논쟁사, 법사학연구 제43호, 한국법사회학회, 2002
이희성, '일하는 엄마'를 위한 근로관계법적 시각에서의 접근, 법과 정책연구, 제10집 제1호, 한국법정책학회, 2010. 4
장명선, 성평등실현을 위한 적극적실현조치에 관한 연구, 이화여자대학교 박사학위 청구논문, 2007
장민선, 미국의 고용상 성차별금지법제의 현황과 시사점, 이화젠더법학, 제3권제2호, 이화여자대학교 젠더법학연구소, 2011
장복희, 국제법상 여성의 지위와 인권-차별금지와 여성폭력철폐를 중심으로, 법학연구 제15권 제3호, 연세대학교 법학연구소
정지원, 직장내 성희롱에 관한 연구, 노동법실무연구, 2009.6
조 국, 혼인빙자간음죄 위헌론 소고, 형사법연구 제21권 제3호, 한국형사법학회, 2009
한상희, 성매매방지법과 여성인권, 민주법학 제30권, 민주주의법학연구회, 2006
한인섭, 성폭력특별법과 피해자보호, 피해자학연구, 1994.3
허태갑, 이혼가정 미성년자녀의 양육적정화를 위한 법정책적 연구, 대진대학교대학원 박사학위 논문, 2014.2

Ⅱ. 외국문헌

Joanne Conaghan, Law and Gender, Oxford University Press, 2013
C.F. Epstein, Women in Law, Basic Books, 1981
Frances E. Olsen, Feminist Legal Theory, Dartmouth, 2003
ILO, Women, Gender and Work, 2001
金城淸子, 法女性學-その構築と課題, 日本評論社, 1996
田山輝明編, 成年後見制度と障害者權利條約, 三省堂, 2012

Ⅲ. 웹 사이트

고용노동부 홈페이지(http://www.molab.go.kr)

국가인권위원회 홈페이지(http://www.humanrights.go.kr)

노동위원회 홈페이지(http://www.nlrc.go.kr)

대검찰청 홈페이지(http://www.spo.go.kr)

대법원 홈페이지(http://www.scourt.go.kr)

법무부 홈페이지(http://www.moj.go.kr)

여성가족부 홈페이지(http://www.mogef.go.kr)

통계청 홈페이지(http://www.kostat.go.kr)

헌법재판소 홈페이지(http://www.ccourt.go.kr)

에듀컨텐츠·휴피아